Fußball

AHA! Sachwissen für Grundschüler

Fußball

Ravensburger Buchverlag

Inhalt

Zu diesem Buch

Knack den Code!
- Die Fragen sind durchnummeriert, diese Nummern finden sich auf der Schatzkarte auf Seite 72 wieder
- Die Lösungsbuchstaben werden auf der Schatzkarte eingetragen
- Die Auflösung findest du auf Seite 80

58

Meisterschaft und Pokal

Knack den Code!
8. Wie nennt man die verschiedenen Klassen im Fußball?
(1. Buchstabe)

In der ersten Bundesliga kämpfen die Mannschaften in einer Hin- und einer Rückrunde um die Deutsche Meisterschaft. In jeder Runde spielt jedes Team einmal gegen jeden – zu Hause und auswärts. Die erzielten Punkte werden zusammengezählt.
Den begehrten Meistertitel und die dazugehörige Schale bekommt die Mannschaft, die am Saisonende die meisten Punkte hat. Absoluter deutscher Rekordmeister der ersten Bundesliga ist der FC Bayern München.

DFB-Pokal

Eine weitere begehrte Trophäe im deutschen Fußball ist der DFB-Pokal, der seit 1935 alljährlich ausgespielt wird. Dieser Wettbewerb wird im Gegensatz zu den Bundesligaspielen im K.-o.-System gespielt: Wer eine Partie verliert, scheidet aus, der Gewinner kommt eine Runde weiter. Erfolgreichster Verein im Kampf um die Trophäe ist der FC Bayern München, der auch schon mehrmals das Double – den Erfolg von Meisterschaft und Pokal in einer Saison – geschafft hat.

Wenn der FC Bayern Meister wird, feiert halb München auf dem Marienplatz.

Profis gegen Amateure

Was den DFB-Pokal besonders reizvoll und oft sehr spannend macht, ist zum einen das K.-o.-System, zum anderen, dass Vereine aus der Ersten Bundesliga gegen Zweitligisten und Amateure aus anderen Ligen antreten. Und nicht selten gewinnt wie bei David gegen Goliath der eigentlich Schwächere! Wer gegen wen spielt, entscheidet vor jeder Runde das Los. Kein Verein weiß also, auf welchen Gegner er nach einem Sieg in der nächsten Runde trifft. Spielt ein Amateurverein gegen einen Profiklub, hat der Amateurverein immer Heimrecht. Wenn es in einem Spiel nach der Verlängerung noch unentschieden steht, wird der Sieger durch Elfmeterschießen ermittelt. Das Endspiel findet seit 1985 immer im Berliner Olympiastadion statt.

In den 52 Zentimeter hohen DFB-Pokal wird der Name der siegreichen Mannschaft eingraviert.

Heimrecht

Das Heimrecht für Amateure hat zwei Gründe: Erstens können die Zuschauer die großen Stars endlich einmal aus der Nähe erleben – das Stadion ist ausverkauft, was den kleinen Vereinen viel Geld bringt. Zweitens können durch den „zwölften Mann“ – das sind die Fans, die ihre Mannschaft zu Höchstleistungen anfeuern – Leistungsunterschiede auf dem Platz ausgeglichen werden.

Österreich und Schweiz

In Österreich werden im Fußball seit 1911 Meisterschaften ausgetragen, die Bundesliga in ihrer heutigen Form gibt es dagegen erst seit 1991. Erfolgreichster Verein ist Rapid Wien. In der Schweiz wird seit 1925 um den Meistertitel gekämpft. Hier steht der Grasshopper-Club Zürich in der Rangliste ganz oben.

Kaum zu glauben

Im Volksmund heißt die deutsche Meisterschale „Salatschüssel“!

Du entscheidest selbst:
- Wo befindet sich der Elfmeterpunkt? ➡ Seite 14/15
- Seit wann gibt es die Frauenbundesliga? ➡ Seite 64/65

Borussia Dortmund wurde bereits mehrfach Deutscher Meister.

Lies mal weiter!
Seite 22, 26, 56

Du entscheidest selbst!
- Was interessiert dich am meisten?
- Auf welcher Seite willst du weiterlesen?

- Verweis auf weiterführende Seiten im Buch

Das Spiel mit dem Ball

Fußball wird auf der ganzen Welt gespielt, denn die Grundidee ist denkbar einfach: Zwei Mannschaften spielen gegeneinander und wer mehr Tore schießt, gewinnt. Ähnliche Ballspiele faszinierten die Menschen bereits im Mittelalter und sogar noch früher. Der moderne Fußball entwickelte sich vor etwa 150 Jahren in England und trat von hier aus seinen Siegeszug rund um den Globus an.

Geschichte des Fußballs

Wer wann zum ersten Mal die Idee hatte, einen runden Gegenstand mit dem Fuß zu treten, ist nicht bekannt. Sicher ist aber, dass in China bereits vor über 2000 Jahren so etwas Ähnliches wie Fußball gespielt wurde.

Kemari und Ulama

Auch an anderen Orten der Erde gab es frühe Formen des Fußballs. Die Japaner spielten Kemari, eher eine feierliche Übung als ein sportlicher Wettkampf. Lebhafter ging es zu bei den Azteken in Mexiko, die sich mit Ulama vergnügten. Sie stießen den Ball mit Hüfte, Po oder dem Knie! Die Maya dagegen, ein Stamm aus Mittelamerika, schossen den Ball mit der Brust. Und in Europa begeisterten sich schon die alten Griechen und Römer für diesen Ballsport.

Beim italienischen „Calcio" trugen die adeligen Spieler farbenprächtige Kostüme.

Raufspiel im Mittelalter

Im Mittelalter war Fußball mehr eine Rauferei als ein Ballspiel. Vor allem in England und Frankreich fanden auf der Straße richtige Ballschlachten statt. Die Italiener spielten damals „Calcio", was so viel wie „Fußtritt" bedeutete. Auch heute noch findet jeden Sommer in Florenz das Fußballspiel „Calcio Storico" statt. Dabei treten die Mannschaften der vier historischen Stadtteile gegeneinander an.

Kaum zu glauben

In der Anfangszeit des Fußballs hielten viele Sportlehrer das Spiel für ungesund!

Das „Woolwich Arsenal Football Team“ wurde 1886 gegründet.

Knack den Code!
1. Welches Land ist die Heimat des modernen Fußballs?
(3. Buchstabe)

England – die Wiege des Fußballspiels

Der moderne Fußball ist vor rund 150 Jahren in England entstanden. Schüler und Studenten trugen dort gern recht wilde Ballspiele aus, bei denen es oft Verletzte gab. Deshalb wurde das Spiel auch immer wieder verboten. Schließlich wurden feste Regeln aufgestellt – das war die Geburtsstunde des Fußballs!

Erste offizielle Regeln

Die Vertreter von elf Londoner Schulen und Clubs gründeten im Jahr 1863 den ersten Fußballverband der Welt, die „Football Association“. Ihre Aufgabe war es, die ersten allgemein gültigen Fußballregeln festzulegen. Diese Regeln gelten, mit einigen Veränderungen, noch heute.

Mit Ratschen feuerten die Fans ihre Mannschaft an.

Weil Fußballschuhe früher aus echtem Leder waren, wurden sie bei Regen immer schwerer.

So sahen die ersten Siegermedaillen aus.

Früher trugen die Spieler Fußballschuhe aus Leder.

Lies mal weiter!
Seite 22, 40, 64

Ein Sport erobert die Welt

Berühmte Fußballstadien
- Rio de Janeiro: Maracana – 103 000 Plätze
- Barcelona: Camp Nou – 98 934 Plätze
- London: Wembley Stadion – 90 000 Plätze
- Madrid: Estadio Santiago Bernabeu – 80 000 Plätze
- Berlin: Olympiastadion – 74 500 Plätze
- München: Allianz Arena – 69 901 Plätze
- Paris: Stade de France – 48 712 Plätze

Vor über hundert Jahren begann der Siegeszug des Fußballspiels um die ganze Welt. Mehr und mehr Menschen begeisterten sich für dieses spannende Spiel, als Zuschauer oder als aktive Spieler. In zahlreichen Ländern wurden Fußballverbände und Vereine gegründet.

Erste Vereine

Der erste deutsche Verein war der Bremer Football-Club von 1880, in Österreich folgte 1884 der FC Vienna und in der Schweiz gab es bereits seit 1879 den FC St. Gallen. Der Deutsche Fußballverband (DFB) wurde im Jahr 1900 ins Leben gerufen. Wenig später fanden die ersten Ligaspiele, Pokalspiele und Meisterschaften statt. Bis heute organisiert der DFB den deutschen Vereinsfußball (außer Erster und Zweiter Bundesliga).

Größere Stadien

Weil immer mehr Fans die Fußballspiele hautnah miterleben wollten, wurden größere Stadien gebaut. Moderne Fußballstadien fassen so viele Menschen, wie eine Kleinstadt Einwohner hat!

Beim Fußball im Stadion mitzufiebern, ist ein besonderes Erlebnis.

Fußball – mehr als ein Spiel

Heute ist Fußball weltweit die beliebteste Sportart: Millionen von Menschen fiebern im Stadion bei den Spielen ihres Lieblingsvereins mit. Wichtige Spiele werden im Fernsehen übertragen und die Zeitungen berichten darüber. Viele Fans sind auch selbst aktive Fußballer – und das auf allen Kontinenten der Erde! Allein in Deutschland spielen rund sechs Millionen Menschen Fußball im Verein: Mädchen und Jungen, Frauen und Männer.

Fußball kann man eigentlich fast überall spielen.

Eingeschworene Gemeinschaft

Sie alle sind begeistert von diesem packenden Mannschaftssport, bei dem gilt: einer für alle – alle für einen. Denn bei einem Fußballspiel kommt es zwar auf die Leistungen und Fähigkeiten jedes einzelnen Spielers an, doch nur alle gemeinsam können eine Mannschaft zum Sieg führen!

Ob in England oder Brasilien, Korea oder Nigeria – Fußball macht allen Spaß!

Du entscheidest selbst:
- Wann bekommt ein Spieler eine Gelb-Rote Karte? ➡ Seite 22/23
- Was bedeutet „Transfer"? ➡ Seite 60/61

Lies mal weiter!
Seite 24, 36, 58

Spielfeld, Ball und Spieler

Knack den Code!

2. Wie heißt der Fußballplatz, auf dem Erwachsene spielen?
(8. Buchstabe)

Wie ein Fußballplatz auszusehen hat, ist genau festgelegt: Jede Linie, jeder Kreis und jeder Punkt hat eine bestimmte Bedeutung, die alle Spieler und Schiedsrichter kennen müssen. So dürfen Strafstöße nur vom Elfmeterpunkt ausgeführt werden. Und wenn der Ball die Seitenlinie überquert, gibt es Einwurf. Fliegt der Ball hingegen über die Torauslinie, gibt es entweder Abstoß oder Eckball. Je nachdem, ob die angreifende oder die verteidigende Mannschaft den Ball zuletzt berührt hat.

Ein Fußballplatz muss zwischen 90 und 120 Meter lang und zwischen 45 und 90 Meter breit sein. Die Normalgröße beträgt 105 Meter in der Länge und 68 bis 70 Meter in der Breite. Bei internationalen Spielen ist das Spielfeld zwischen 100 und 110 Meter lang und zwischen 64 und 75 Meter breit. Die jüngsten Jugendmannschaften spielen allerdings auf einem kleineren Platz, dem Kleinfeld, und erst später wie die Erwachsenen auf dem Großfeld.

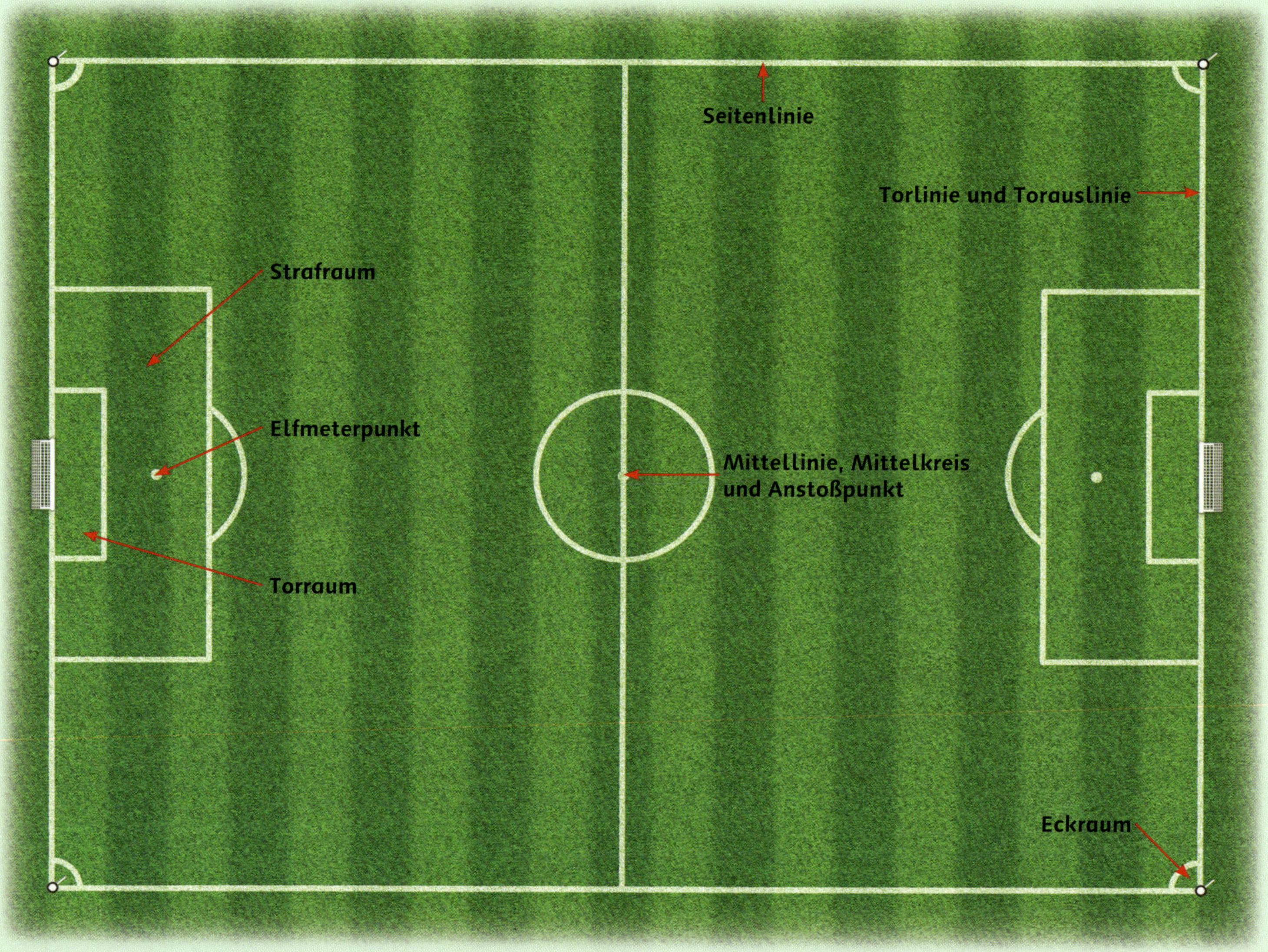

Der Fußball

Der Ball ist aus Leder oder Kunststoff, hat einen Umfang von 68 bis 70 Zentimeter und ist zwischen 410 und 450 Gramm schwer. Kinder und Jugendliche benutzen einen kleineren und leichteren Ball.

Die Spieler

Eine Mannschaft darf zum Spiel antreten, wenn mindestens sieben und höchstens elf Spieler auf dem Platz sind, einer davon ist der Torwart. Bei offiziellen Spielen können bis zu drei Spieler ausgewechselt werden. Jeder Feldspieler kann seinen Platz mit dem Torwart tauschen.

Die Ausrüstung

Es ist genau festgelegt, welche Ausrüstung ein Fußballspieler braucht – fehlt auch nur ein Teil, bleibt er auf der Ersatzbank! Vorgeschrieben sind Trikot, Shorts, Strümpfe oder Stutzen, Schienbeinschützer und Fußballschuhe. Für Spiele im Freien gibt es Fußballschuhe mit Stollen, bei Spielen in der Halle müssen sie eine glatte Sohle haben. Grundsätzlich verboten ist jede Art von Schmuck, auch Piercings.

Die Innenseite der Torwarthandschuhe ist rutschfest. So kann der Torwart den Ball besser fangen und halten.

Das Torwarttrikot ist als Schutz vor Verletzungen an Ellbogen und Unterarmen meist gepolstert.

Die Spieler tragen ein Jersey oder Hemd. Es muss sich farblich deutlich von denen der anderen Mannschaft unterscheiden.

Shorts gehören zur Grundausstattung.

Schienbeinschoner schützen bei Tritten.

Die Stollen der Fußballschuhe geben Halt.

Lies mal weiter!
Seite 18, 44, 68

12
PUYOL
5
REFEREE
FIFA

Regeln im Fußball

Ob in Europa, Asien oder anderswo: Überall auf der Welt gelten im Fußball die gleichen Regeln. Darin ist alles, was den beliebten Sport betrifft, festgelegt: von A wie Abseits bis zu Z wie Zweikampf. Diese Regeln lernt schon jedes Kind, wenn es beginnt, in einem Verein Fußball zu spielen. Aber auch beim Kicken auf der Wiese ist es gut, sie zu kennen.

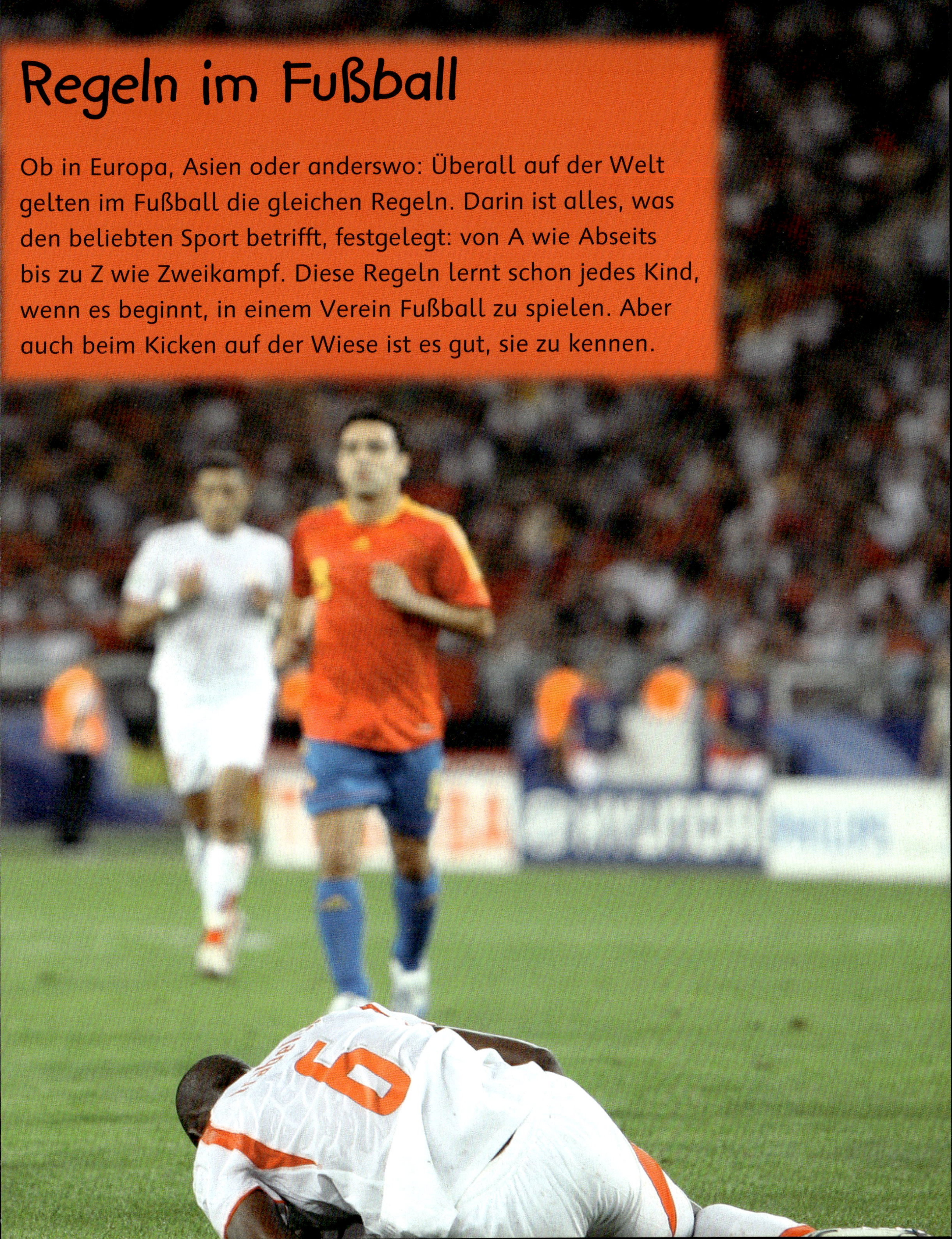

Der Schiedsrichter

In höheren Spielklassen wird der Schiedsrichter von Assistenten an der Außenlinie unterstützt.

Die wichtigste Person auf dem Platz ist der Schiedsrichter. Ohne ihn geht gar nichts: Er pfeift ein Spiel an, unterbricht es, wenn eine Regel übertreten wird, entscheidet, ob ein Tor zählt und wann ein Foul begangen wurde.

Fair play

Der erste Schiedsrichter stand 1874 auf einem englischen Fußballplatz. Der dortige Fußballverband hatte ihn eingesetzt. Seine Aufgabe war es, für „fair play" zu sorgen, einen Ausdruck, den wir heute noch kennen. Er bedeutet, dass die Spieler sich an die Regeln halten, also „fair" miteinander umgehen. Dies im Spiel zu überwachen, gehört auch heute noch zu den Aufgaben des Schiedsrichters.

Mit einer Gelben Karte spricht der Schiedsrichter eine persönliche Strafe gegen einen Spieler aus.

Aufgaben

Die Arbeit des Schiedsrichters beginnt bereits vor dem Anpfiff: Er prüft, ob Fußballplatz, Tore und Bälle den Vorschriften entsprechen. Ist die Ausrüstung der Spieler komplett? Während des Spiels achtet er darauf, dass alle Spieler die Regeln einhalten. Bei Verstößen setzt er eine Spielstrafe fest, den direkten oder indirekten Freistoß oder Elfmeter. Außerdem bestraft er den „Übeltäter" je nach Schwere des Verstoßes mit einer Verwarnung (Gelbe Karte) oder dem Platzverweis (Rote Karte).

Interview mit Mario

Hallo, Mario!
Sag mal, was macht einen guten Schiri aus?
Mario: Er muss schnell sein, immer nah am Ball.
Was noch?
Mario: Er muss gerecht und unparteiisch sein.
Was heißt das?
Mario: Kein Team bevorzugen oder benachteiligen. Darum sagt man oft „Unparteiischer" statt Schiedsrichter.
Danke, jetzt wissen wir, worauf es beim Pfeifen ankommt!

Kaum zu glauben

Schon mit zwölf Jahren kann man Schiedsrichter werden!

Anstoß gibt es auch nach einem Tor, zu Beginn der zweiten Halbzeit und bei Verlängerung.

Anstoß

Vor Spielbeginn darf die Gastmannschaft eine Seite einer Münze auswählen. Dann wirft der Schiedsrichter die Münze: Liegt die ausgewählte Seite oben, entscheidet der Gast, in welche Richtung er in der ersten Hälfte spielt. Der Gegner hat dafür Anstoß, darf also das Spiel eröffnen. In der zweiten Halbzeit werden die Seiten gewechselt.

Spieldauer

Jedes Fußballspiel besteht aus zwei Halbzeiten mit je 45 Minuten. Dazwischen gibt es 15 Minuten Pause. Kommt es während des Spiels zu Verzögerungen durch Auswechslungen oder Verletzungen, wird nachgespielt. Wie lange, entscheidet der Schiedsrichter.

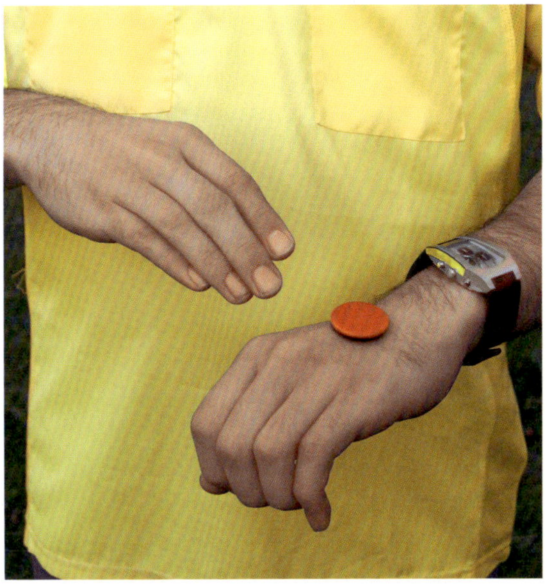

Vor Spielbeginn wirft der Schiedsrichter eine Münze.

So lange wird gespielt:
- F-Jugend: 2 x 20 Minuten
- E-Jugend: 2 x 25 Minuten
- D-Jugend: 2 x 30 Minuten
- C-Jugend: 2 x 35 Minuten
- B-Jugend: 2 x 40 Minuten
- A-Jugend: 2 x 45 Minuten

Du entscheidest selbst:
- Was bedeutet „Effet"? ➡ Seite 30/31
- Wann spielt man in der E-Jugend? ➡ Seite 50/51

Lies mal weiter!
Seite 14, 42, 52

Einwurf, Abstoß, Eckball

Umstrittenes Tor entscheidet WM!

Hamburg, 31. Juli 1966 Geoff Hurst schießt im Finale England–Deutschland das entscheidende Tor zum 3:2. Doch war der Ball im Tor? Der Schuss ging gegen die Unterkante der Latte, der Ball sprang auf die Torlinie und dann aus dem Tor. Schiedsrichter Gottfried Dienst entschied auf Tor. England gewinnt mit 4:2 und wird Weltmeister!

Das Ziel beim Fußball ist es, mehr Tore als der Gegner zu schießen und dadurch das Spiel zu gewinnen. Und weil die erzielten Tore so wichtig sind, gibt es auch eine genaue Regel dafür, wann ein Tor gültig ist. Ein Ball ist erst dann im Tor, wenn er die Torlinie zwischen den beiden Pfosten vollständig überquert hat. Wenn er also nur zur Hälfte über die Linie rollt, zählt das Tor nicht. Da muss der Schiedsrichter ganz genau hinschauen!

Einwurf

Um eine andere Linie geht es beim Einwurf. Der Schiedsrichter entscheidet auf Einwurf, wenn ein Spieler den Ball über die Seitenlinie schießt. Das Spiel wird unterbrochen und die gegnerische Mannschaft hat Einwurf. Der Einwurf wird an der Stelle der Seitenlinie ausgeführt, an der der Ball das Spielfeld verlassen hat. Der einwerfende Spieler muss auf der Seitenlinie oder außerhalb des Spielfelds mit dem Gesicht zum Spielfeld stehen. Er muss den Ball mit beiden Händen von hinten über seinen Kopf werfen.

Wenn der Ball die Seitenlinie überquert hat, ist er im Aus und es gibt Einwurf.

Der Ball muss sich komplett mit seinem Durchmesser über der Linie befinden, sonst zählt das Tor nicht.

Kaum zu glauben

Die Eckballregel gibt es schon seit 1866!

Der Torwart schießt ins Spielfeld.

Bei einem Eckstoß darf die Eckfahne nicht entfernt werden.

Abstoß

Auf Abstoß entscheidet der Schiedsrichter, wenn der Ball vom Gegner über die Torauslinie geschossen wird, also hinter dem Tor landet. Der Torwart oder ein Feldspieler der anderen Mannschaft schießt den Ball aus dem Torraum ins Spielfeld. Die gegnerischen Spieler müssen so lange außerhalb des Strafraums bleiben, bis der Ball wieder im Spiel ist.

Eckball

Eckball gibt es, wenn der Ball zuletzt von einem Spieler der verteidigenden Mannschaft berührt wurde und die Torauslinie überquert. Ein Gegenspieler schießt den Ball vom nächsten Eckpunkt aus ins Spielfeld. Wenn er Glück hat geht der Ball direkt ins Tor. Die gegnerischen Spieler müssen beim Eckball mindestens 9,15 Meter vom Ball entfernt sein.

Knack den Code!

3. Wer schoss bei der WM 1966 das Tor zum 3:2 im Finale? (Nachname)
(4. Buchstabe)

Lies mal weiter!
Seite 12, 32, 48

Was ist ein Foul?

Keiner der Spieler darf die Gesundheit seiner Gegenspieler gefährden.

Bei schweren Vergehen bekommt der Spieler die Rote Karte und wird vom Platz gestellt.

Beim Fußball geht es oft ganz schön hitzig zu, vor allem, wenn es bei der Partie „um etwas geht": Das kann der Auf- oder Abstieg in eine andere Liga sein oder ein begehrter Meistertitel. Eine der wichtigsten Regeln sorgt deshalb dafür, dass sich die Spieler nicht absichtlich Schaden zufügen oder verletzen. Ein solches Verhalten nennt man verbotenes Spiel und unsportliches Betragen – oder auch einfach nur Foul.

Persönliche Strafen

Bei einem Foul verhängt der Schiedsrichter je nach Schwere des Verstoßes eine Spielstrafe, das ist Freistoß oder Strafstoß. Zusätzlich kann der Spieler eine persönliche Strafe bekommen – die Gelbe, die Gelb-Rote oder die Rote Karte. Eine Gelbe Karte ist eine Warnung: Mach so etwas nicht noch einmal! Die Rote Karte zieht der Schiri, wenn der Spieler zum Beispiel ein grobes Foul begangen hat. Er wird vom Platz geschickt. Bekommt ein Spieler eine zweite Gelbe Karte, muss er auch den Platz verlassen. Man sagt, er sieht die Gelb-Rote Karte.

Verschiedene Fouls

Damit es auf dem Fußballplatz keine Diskussionen mit dem Schiedsrichter gibt, bekommt dieser vom

DFB klare Anweisungen. Im Regelkatalog ist genau festgelegt, welche Vergehen der Schiedsrichter mit der Gelben Karte und welche er mit der Roten Karte, dem Platzverweis, bestrafen muss.

Rote Karte für …
- grobes Foul,
- jemanden anspucken,
- Handspiel, um Tor zu verhindern,
- „Notbremse“: Torschuss wird durch Festhalten oder Foul verhindert,
- Beschimpfen des Gegners/Schiedsrichters oder abfällige Handbewegung.

Entscheidung auf Vorteil

Eine Ausnahme kann der Schiedsrichter machen, wenn er auf Vorteil entscheidet. Das bedeutet, dass die andere Mannschaft trotz des Fouls eines Gegenspielers einen Vorteil im Spiel bekommt, zum Beispiel eine Torchance. Dann kann der Schiri den Spieler nur verwarnen und das Spiel weiterlaufen lassen.

Du entscheidest selbst:
- Wer wurde 2004 Europameister? ➡ Seite 62/63
- Wie heißt die „Königsklasse“ beim Fußball? ➡ Seite 66/67

Für das Ausziehen des Trikots kann der Spieler mit einer Gelben Karte verwarnt werden.

Gelbe Karte für …
- unsportliches Verhalten,
- Kritik am Schiedsrichter (meckern),
- wiederholte Regelverstöße,
- Spielverzögerung,
- falscher Abstand bei Eckstoß, Freistoß, Einwurf.

Am Trikot zu ziehen, gilt als unsportlich und wird mit der Gelben Karte bestraft.

Lies mal weiter!
Seite 10, 26, 62

Die Spielstrafen

Knack den Code!

4. Was bilden die Spieler beim Freistoß vor dem Tor?
(4. Buchstabe)

Wenn ein Fußballspieler einen Gegner foult, unterbricht der Schiedsrichter die Partie und verhängt eine Spielstrafe. Normalerweise ist das ein Freistoß für die gegnerische Mannschaft. Wenn das Foul aber im gegnerischen Strafraum passiert ist, fällt die Strafe härter aus: In diesem Fall entscheidet der Schiedsrichter auf Strafstoß, besser bekannt unter dem Namen Elfmeter.

Strafstoß/Elfmeter

Elfmeter sagt man deshalb, weil der Strafstoß von einem bestimmten Punkt vor dem gegnerischen Tor ausgeführt werden muss. Und dieser Punkt ist genau 11 Meter vom Tor entfernt und heißt daher auch Elfmetermarke. Für die gegnerische Mannschaft bietet ein solcher Strafstoß eine gute Torchance, weil keine Mauer den Ball aufhalten kann.

Die verteidigende Mannschaft bildet beim Freistoß eine Mauer vor dem Tor.

Direkte und indirekte Freistöße

Je nach Schwere des begangenen Regelverstoßes unterscheidet der Schiedsrichter zwischen direktem und indirektem Freistoß. Wenn ein Spieler zum Beispiel den Gegner tritt, anspringt oder festhält, verursacht er damit einen direkten Freistoß. Einen indirekten Freistoß riskiert er hingegen, wenn er seinen Gegenspieler zum Beispiel beim Laufen behindert.

Bei indirektem Freistoß hebt der Schiedsrichter die Hand.

Indirekter Freistoß
So entscheidet der Schiedsrichter zum Beispiel …
- nach einem Abseits,
- wenn der Torwart den Ball länger als 6 Sekunden hält,
- bei unerlaubtem Rückpass zum Torwart,
- bei gefährlichem Spiel („hohes Bein“),
- wenn ein Spieler den Gegner beim Laufen behindert.

Direkter Freistoß
Es ist verboten, den Gegner …
- zu treten oder es zu versuchen,
- durch Beinstellen zu Fall zu bringen oder es zu versuchen,
- anzuspringen,
- zu rempeln,
- zu schlagen oder es zu versuchen,
- zu stoßen,
- festzuhalten,
- anzuspucken,
- auch absichtliches Handspiel ist verboten.

Freistoßtricks

Beim direkten Freistoß darf der Spieler direkt ins gegnerische Tor schießen. Manche Spieler beherrschen für diese Spielsituation besondere Tricks, etwa den „Lupfer“: Dabei wird der Ball im hohen Bogen über die Mauer gespielt. Landet der Ball zwischen Mauer und Tor, kann sich ein Mitspieler den Ball erlaufen und hat im Idealfall freie Schussbahn auf das Tor.

Beim indirekten Freistoß muss erst ein Spieler den Ball berühren, bevor aufs Tor geschossen werden darf. Deshalb wird der Ball vom ersten Spieler gern quer gespielt. Er passt ihn seitwärts zu einem Mitspieler, der dann versucht, ihn an der Mauer vorbei ins Tor zu schießen.

Vor dem Strafstoß darf sich der Torwart auf der Torlinie hin- und herbewegen.

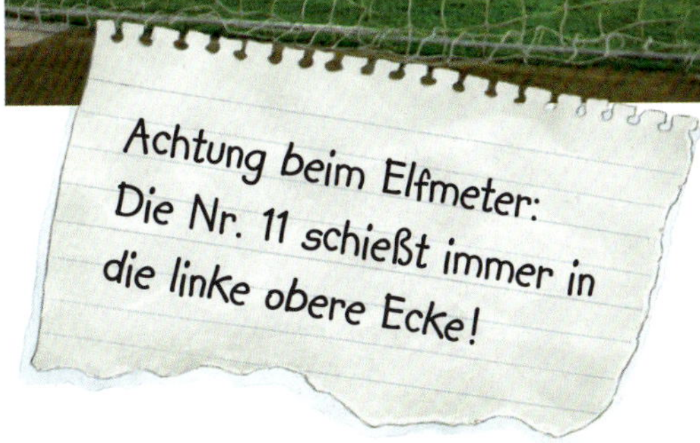

Ein „Spickzettel“ für den Torwart hat schon so manches Tor verhindert.

Lies mal weiter!
Seite 34, 38, 56

Abseits

Bei Abseits hält der Schiedsrichter-Assistent die Fahne hoch.

Abseits:
Der Angreifer befindet sich bei der Ballabgabe im Abseits. Das Tor ist ungültig.

Passives Abseits:
Der Angreifer vorn steht zwar im Abseits, greift aber nicht ins Spiel ein. Das Spiel geht weiter.

Gleiche Höhe:
Angreifer und Verteidiger befinden sich bei der Ballabgabe genau auf gleicher Höhe, sind also gleich weit vom Tor entfernt. Das Spiel geht weiter.

Der Rückpass:
Der Ball ist beim Abspiel näher am Tor als der angespielte Mitspieler.

Vom Abseits hat jeder schon einmal gehört, der sich für Fußball interessiert. Was aber genau damit gemeint ist, wissen nur wenige. Kein Wunder, denn diese Regel ist nicht ganz leicht.

Worum es geht

Die Abseitsregel soll im Spiel die verteidigende Mannschaft unterstützen. Abseits gilt, wenn der Angreifer zum Zeitpunkt der Ballabgabe näher am Tor ist, als der vorletzte Verteidiger. Der letzte Spieler ist in der Regel der Torwart. Der angreifenden Mannschaft wird dadurch das Toreschießen erschwert.

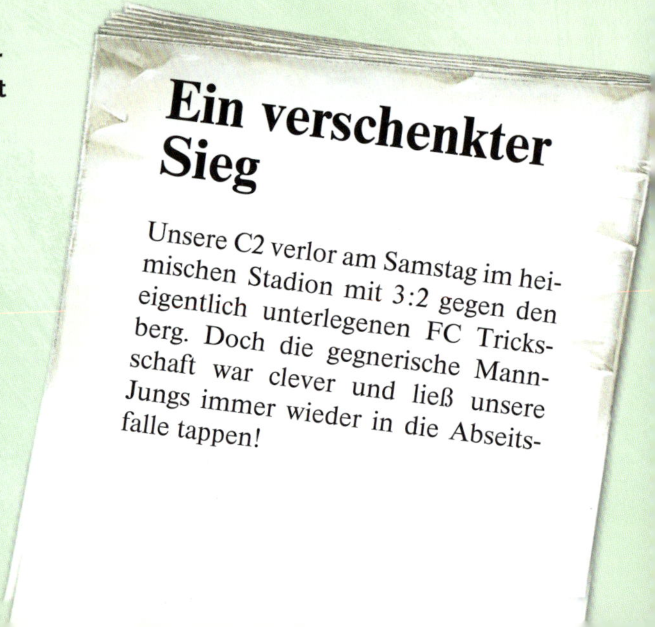

Ein verschenkter Sieg

Unsere C2 verlor am Samstag im heimischen Stadion mit 3:2 gegen den eigentlich unterlegenen FC Tricksberg. Doch die gegnerische Mannschaft war clever und ließ unsere Jungs immer wieder in die Abseitsfalle tappen!

Und daher ist Fußball so richtig spannend! Eine erste Abseitsregel gab es schon im Jahr 1863, doch keine Regel ist seitdem so oft verändert worden wie diese.

Wann pfeift der Schiedsrichter?

Ein angreifender Spieler ist dann im Abseits, wenn er näher am Tor steht als der vorletzte verteidigende Spieler. Doch nicht immer, wenn sich ein Spieler im Abseits befindet, entscheidet der Schiedsrichter auch auf Abseits.

Aktives und passives Abseits

Solange der Spieler im Abseits nicht in das Spielgeschehen eingreift, keinen Gegner beeinflusst oder aus seiner Stellung keinen Vorteil zieht, liegt kein Regelverstoß vor. In diesem Fall befindet sich der Spieler im „passiven Abseits". Auch wenn der Angreifer auf gleicher Höhe mit dem vorletzten Verteidiger ist, gibt es kein Abseits.

Abseitsfalle

Manchmal führen die Verteidiger auch absichtlich ein Abseits herbei, indem sie im Moment der Ballannahme des Gegners nach vorn laufen. Diesen Trick nennt man „Abseitsfalle".

Ab der D-Jugend

Die Abseitsregel gilt bei den jüngsten Jugendmannschaften noch nicht. Sie wird erst ab der D-Jugend eingeführt und ist am Anfang oft noch recht schwierig.

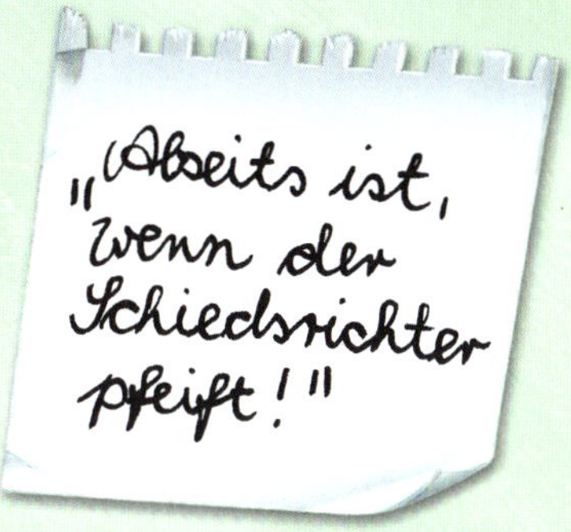

Dieser Spruch bedeutet, dass man oft über ein Abseits streiten kann, aber die Entscheidung des Schiedsrichters zählt.

Die Abwehrspieler reklamieren Abseits. Aber es ist für den Schiedsrichter nicht immer leicht zu erkennen, ob Abseits vorliegt oder nicht.

Du entscheidest selbst:
- Was ist ein „Lupfer"? ➡ Seite 24/25
- Was ist eine „Flanke"? ➡ Seite 32/33

Lies mal weiter!
Seite 34, 38, 48

Technik und Taktik

Damit auf dem Spielfeld kein Durcheinander herrscht, sondern ein richtiges Fußballspiel entsteht, sollten die Spieler sicher im Umgang mit dem Ball sein und wichtige Techniken beherrschen. Außerdem braucht die Mannschaft einen Plan, wie sie zusammenspielen möchte. Jeder Spieler übernimmt dabei eine bestimmte Aufgabe, je nachdem auf welcher Position er spielt.

Schusstechniken

Das Gefühl für den Ball ist sehr wichtig.

Ein guter Fußballspieler muss mit dem Ball das machen können, was er will. Doch bis es so weit ist, dauert es einige Zeit und erfordert viel Übung. Am Anfang gehorcht der Ball nicht richtig. Er verspringt beim Annehmen, fliegt hoch, wenn er tief sein sollte oder landet beim Gegner statt beim Mitspieler.

Verschiedene Stoßarten

Deshalb ist es wichtig, die Schusstechniken zu kennen und immer wieder zu trainieren. Je nachdem, mit welchem Teil des Fußes der Ball getroffen wird, unterscheidet man folgende Stoßarten: Innenseitstoß, Innenspannstoß, Außenspannstoß und Vollspannstoß.

Tricks beim Schießen

Wer regelmäßig übt, wird bald auch ein paar Tricks beherrschen: Beim Außenspannstoß bekommt der Ball manchmal „Effet“, er fliegt dann in einem seitlichen Bogen. Oder man übt den „Hackentrick“, den Schuss mit der Hacke. Super ist auch der Fallrückzieher, eine besondere Form des Vollspannstoßes.

Die Stoßarten
- Innenseitstoß: kurze, mittlere Pässe
- Innenspannstoß: lange Pässe
- Außenspannstoß: bogenförmige Flugbahn
- Vollspannstoß: scharfe Torschüsse

Beim Innenseitstoß schießt man den Ball mit der Fußinnenseite.

Beim Innenspannstoß trifft man den Ball mit der Innenkante des Fußristes.

Beim Außenspannstoß schießt man den Ball mit der Außenseite des Fußristes.

Beim Vollspannstoß wird der Ball mit dem Fußrist oder Spann getroffen.

Beim Dribbling geht es um das Ausspielen des Gegners im Zweikampf.

Kaum zu glauben

Nur etwa 70 der rund 400 Bundesligaspieler sind Linksfüßer!

Ballführen – Dribbeln

Auch das Führen des Balls, das „Dribbling" ist reine Übungssache und wird durch häufiges Training immer selbstverständlicher. Beim Dribbling wird der Ball im Laufen mit kurzen Stößen vor dem Körper hergetrieben. Das Wort kommt vom Englischen „to dribble" und bedeutet so viel wie „tröpfeln lassen". Dribbeln kann man mit der Fußinnenseite, der Außenseite, der Sohle oder dem Fußspann. Entscheidend ist, dass der Spieler immer am Ball bleibt, damit er ihn nicht an den Gegner verliert. Und ganz wichtig: möglichst beidfüßig trainieren! Dann führt man den Ball irgendwann so sicher, dass man nicht mehr auf den Boden schauen muss, sondern beim Laufen das Spiel beobachten kann.

Tricks beim Dribbling

Beim Dribbling gibt es regelrechte „Künstler", die mit ihren Tricks den Gegner überlisten. Ein beliebter Trick ist der „Übersteiger". Dabei führt der Spieler den Fuß über den Ball und nimmt ihn mit der Außenseite des anderen Fußes in die neue Richtung mit.

Du entscheidest selbst:

- Wer ist deutscher Bundesliga-Rekordmeister?
  ➡ Seite 58/59
- Seit wann gibt es Schiedsrichter?
  ➡ Seite 18/19

Der Übersteiger ist ein toller Trick, um den Gegner zu überlisten.

Lies mal weiter!
Seite 26, 36, 52

Stoppen und zuspielen

Den Fußball richtig zu stoppen und anzunehmen, ist die Grundlage für jedes weitere Spiel. Deshalb steht diese Technik gleich in den ersten Stunden im Trainingsplan. Der Trainer zeigt den Kindern, dass sie flache Bälle am besten mit der Fußinnenseite, der Außenseite oder der Sohle annehmen. Hohe Bälle kann man mit dem Kopf, der Brust, dem Oberschenkel oder dem Spann stoppen. Auf alle Fälle ist es ganz wichtig, den Ball genau zu beobachten und erst dann zu entscheiden, wie man ihn annimmt.

Der Körper geht mit

Bei der Ballannahme geht der Spieler mit seinem Körper dem Ball ein Stück entgegen, er „holt" ihn sozusagen ab. Sobald er den Ball berührt hat, gibt er etwas nach und federt den Ball ab, damit er nicht zurückspringt. Dann lenkt er ihn in die gewünschte Richtung. Ein Spieler kann Bälle aber auch in der Luft annehmen und schießen, bevor der Ball den Boden berührt. Einen solchen Schuss nennt man „Volley".

Die Annahme mit der Außenseite ist technisch anspruchsvoll.

Flache Pässe und hohe Bälle stoppt man mit der Innenseite.

Tempo ist gefragt!

Interview mit Mario

Mario, warum hört man so oft, der moderne Fußball sei so viel schneller geworden?

Mario: Ganz einfach. Früher hatten die Spieler Zeit, den Ball zu stoppen. *Was heißt das?*

Mario: Na ja, sie stoppten den Ball und legten ihn für den Schuss zurecht. *Und das ist heute anders?*

Mario: Ja, heute sind die Spielzüge so schnell, dass ein Spieler den Ball meist direkt weiterspielt.

Danke Mario, jetzt wissen wir, worauf wir beim Training achten sollten!

Für hohe Bälle ist die Brust der ideale „Stopper".

Bälle mit hoher Flugbahn lassen sich mit dem Oberschenkel kontrollieren.

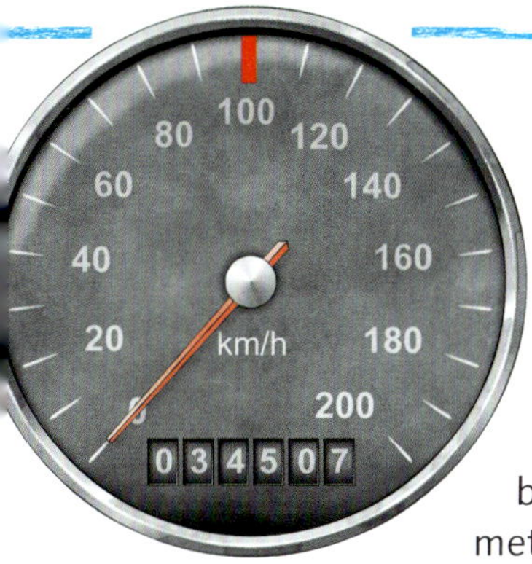

Kaum zu glauben

Die Schüsse von Fußballprofis erreichen bis zu 100 Kilometer pro Stunde!

Das richtige Zuspiel

Eine Mannschaft, die sich auf präzise Pässe versteht, macht es ihrem Gegner schwer, an den Ball zu kommen. Deshalb ist richtiges Zuspiel zwischen den eigenen Spielern sehr wichtig. Häufige Fehlpässe, die im Aus oder beim Gegner landen, kann sich keine Mannschaft leisten. Spitzenmannschaften zeichnet deshalb meist ein erstklassiges Kombinationsspiel aus.

Verschiedene Pässe

Beim Kurzpass schießt ein Spieler den Ball über eine eher kurze Entfernung zu einem Mitspieler. Wird der Ball weit geschossen, sagt man dazu Langpass. Sehr beliebt ist der Doppelpass. Dabei spielt man einen Mitspieler an und läuft dann selbst sofort in eine günstige Position, um den Ball wieder zugespielt zu bekommen. Das täuscht die gegnerische Abwehr. Raffiniert ist auch der Pass in die Tiefe: Dabei schießt der Spieler den Ball an einen Platz, an den ein Mitspieler gerade erst läuft. Wenn zwei Spieler das gut beherrschen, wird es ihnen immer wieder gelingen, die gegnerische Abwehr zu überlisten und Torchancen herauszuspielen.

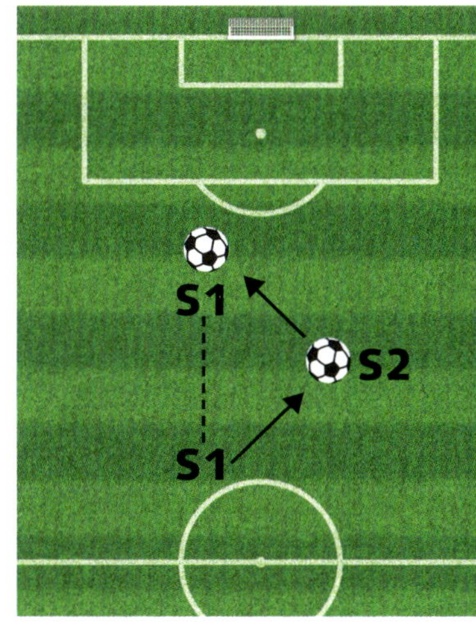

Bei einem Doppelpass läuft man auf den Gegner zu, passt den Ball zu einem Mitspieler (S2). Dann läuft man am Gegner vorbei und bekommt den Ball wieder vom Mitspieler zurück.

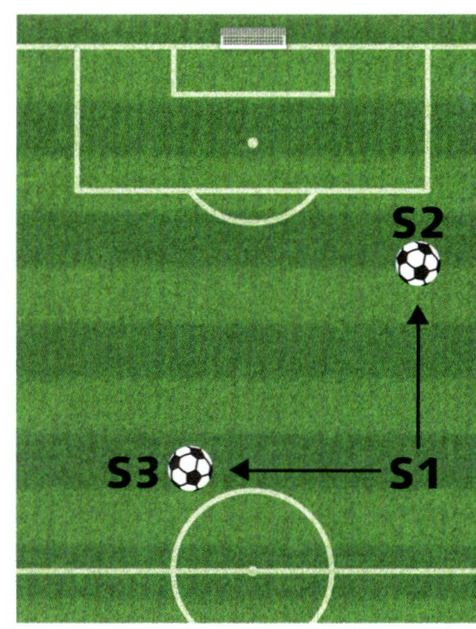

Beim Steilpass wird der Ball nach vorn gespielt (S1 → S2). Beim Querpass spielt man den Ball zur Seite (S1 → S3).

Eine Flanke ist ein weiter und hoher Flugball – oft von der Seite vor das Tor.

Lies mal weiter!
Seite 14, 36, 50

Zweikämpfe

Vor dem Tor sind Zweikämpfe oft dramatisch, schließlich geht es um wertvolle Punkte!

Knack den Code!

5. Wie heißt der Schiedsrichter noch?
(8. Buchstabe)

Jeder gute Fußballer muss zweikampfstark sein, egal auf welcher Position er spielt: in der Verteidigung, im Mittelfeld oder im Sturm. Häufig trägt die Mannschaft den Sieg nach Hause, deren Spieler im Laufe der Partie die meisten Zweikämpfe gewonnen haben. Zum Zweikampf kommt es immer dann, wenn ein Spieler am Ball ist und ein Gegenspieler versucht ihm den Ball abzunehmen. Der Angreifer muss dabei schnell und geschickt vorgehen, nur dann wird es ihm gelingen, in Ballbesitz zu kommen. Deshalb werden solche Situationen im Training auch immer wieder geübt. Neben der richtigen Technik braucht ein Spieler auch Mut und Durchsetzungskraft, denn so ein Zweikampf kann ganz schön hart sein!

Ein Verteidiger kämpft durch Grätschen um den Ball – er darf den Gegner aber nicht treffen.

Regeln für Zweikämpfe

Damit es in der Hitze des Spiels beim Zweikampf fair zugeht und kein Spieler verletzt wird, gibt es auch dafür genaue Regeln. Der Unparteiische oder Schiedsrichter passt gut auf und greift sofort ein, wenn ein Spieler die Regeln nicht beachtet. Dann verhängt er eine Spielstrafe – Freistoß oder Strafstoß – und kann den Spieler mit einer Gelben oder Roten Karte bestrafen.

Tackling

Sobald ein gegnerischer Spieler einen Angriff auf das Tor vorbereitet, ist es die Aufgabe der anderen Mannschaft, ihn daran zu hindern. Das Stören und Aufhalten des Gegners nennt man beim Fußball „Tackling". Der Begriff kommt aus dem Englischen und bedeutet „in Angriff nehmen". Ein guter Verteidiger beherrscht verschiedene Formen des Tacklings. Wenn der Abwehrspieler auf gleicher Höhe mit dem Angreifer läuft, kann er ihn durch Druck mit der Schulter vom Ball wegschieben. Das ist das sogenannte Rempel-Tackling. Oder er versucht ihn von vorne, durch das Blockieren des Balls mit der Fußinnenseite, vom Ball zu trennen. Diese Technik nennt man Block-Tackling.

Für den Angreifer kann das Rempel-Tackling recht unangenehm sein.

Gefährlich: Hineingrätschen

Manchmal versucht der Abwehrspieler auch, den Ball durch seitliches Grätschen vom Fuß des Angreifers zu spielen. Doch Vorsicht: Er darf den Fuß des Gegners nicht treffen, sonst begeht er ein Foul.

Der Angreifer schirmt den Ball mit dem Körper ab, um ein Tackling zu verhindern.

Beim Tackling versucht der Verteidiger den Angreifer vom Ball zu trennen.

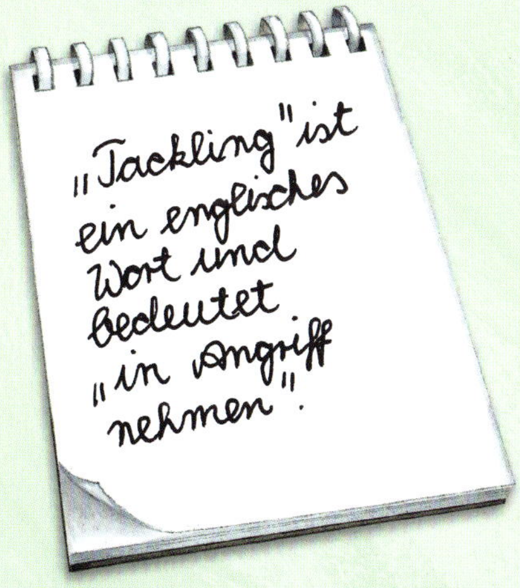

Lies mal weiter!
Seite 20, 24, 60

Rund ums Tor

Beim Fallrückzieher springt der Spieler hoch, liegt in der Luft und schießt mit dem Bein, das eben noch am Boden stand.

Beim Fußball wird es immer dann besonders spannend, wenn der Ball in der Nähe des Tors ist. Doch meist steht mindestens ein Abwehrspieler zwischen Angreifer und Tor, um einen Torschuss zu verhindern. Was kann ein Stürmer da machen? Er kann den Zweikampf suchen und den Abwehrspieler austricksen und mit einem Schuss auf das Tor abschließen. Oder er passt den Ball zu einem Mitspieler, der besser zum Tor steht.

Eckstöße sind oft torgefährlich, wenn ein Angreifer die Flanke für einen Torschuss nutzt.

Erfolgreicher Torschuss

Ein Angreifer, der auf das Tor schießt, muss den Ball richtig treffen und gut im Tor platzieren. Er kann ihn mit der Innenseite des Fußes, dem Innenspann, dem Vollspann oder dem Außenspann schießen. Auch hier macht Übung den Meister: Deshalb sollte man verschiedene Torschüsse möglichst oft trainieren – direkte Torschüsse, aus dem Dribbling heraus oder nach einem Pass. Und am besten mit dem linken und dem rechten Fuß üben. Dann kann man es vielleicht auch einmal zum Torschützenkönig bringen!

Kopfballspiel

Gutes Kopfballspiel ist für einen Fußballspieler sehr wichtig. Er kann damit aus verschiedenen Positionen heraus Tore erzielen oder im eigenen Strafraum Gegentore verhindern. Manche Spieler sind richtige Kopfballkünstler – doch auch sie mussten dafür viel üben! Deshalb wird beim Fußballtraining besonderer Wert auf die Kopfballtechnik gelegt.

Kaum zu glauben

Die meisten Kopfballtore bei einer Weltmeisterschaft erzielte Miroslav Klose 2002: fünf Tore!

Was ist gutes Kopfballspiel?

Der Spieler muss die Situation genau einschätzen und im richtigen Moment reagieren. Das nennt man „Timing“. Außerdem muss er die jeweilige Technik gut beherrschen, damit der Kopfball dort landet, wo er hin soll. Und er braucht eine Portion Mut, um seinen Kopf „hinzuhalten“. Am häufigsten sind Kopfbälle aus dem Stand oder aus dem Sprung. Spektakulär ist der Flugkopfball. Geköpft wird immer mit der Stirn.

Ein guter Abwehrspieler verhindert mit der richtigen Kopfballtechnik so manches Tor.

Tipps fürs Kopfballtraining:
- Augen offen lassen
- Mit leichteren Bällen anfangen
- Ganz lange üben!

Torschützenkönige der Bundesliga			
Platz	Name	Tore	Spiele
1.	Gerd Müller	365	427
2.	Klaus Fischer	268	535
3.	Jupp Heynckes	220	369
4.	Manfred Burgsmüller	213	447
5.	Ulf Kirsten	181	350

Du entscheidest selbst:
- Wann gibt es Anstoß? ➡ Seite 18/19
- Was bedeutet „U 15“? ➡ Seite 50/51

Lies mal weiter!
Seite 44, 52, 66

Ein guter Torwart

Hohe Bälle kann der Torwart fangen oder mit der Faust abwehren.

Der Torwart nimmt eine besondere Rolle ein. Oft entscheidet er über den Ausgang eines Spiels. Am Ende liegt es an ihm, gegnerische Tore zu verhindern – im Extremfall beim Elfmeterschießen. Deshalb trägt der Torwart große Verantwortung in einer Mannschaft. Er muss auch bei gefährlichen Situationen ruhig bleiben. Außerdem braucht ein guter Torwart viel Mut, denn er darf keine Angst vor scharfen Torschüssen haben. Und weil er im Tor einen guten Überblick auf das Spiel hat, sollte der Torwart auch für seine Mitspieler mitdenken und sie auf gefährliche Situationen aufmerksam machen.

Bei manchen Torschüssen muss der Torwart dem Ball entgegen„fliegen".

Torwart-Training

Weil der Torwart für den Erfolg einer Mannschaft so wichtig ist, bekommt er auch beim Training eine „Extrawurst": Große Vereine haben einen speziellen Trainer für den Mann im Tor – fast immer ist das ein ehemaliger Torwart. Auch sonst geht der Trainer beim Torwarttraining speziell auf die Aufgaben des Torhüters ein. Der Torwart lernt verschiedene Techniken, um den Ball anzunehmen oder abzuwehren. Das gilt für alle Vereine und Altersklassen – von der G-Jugend bis zu den Erwachsenen.

Wenn der Ball die Hände berührt, muss er gesichert werden, sonst kann er wegrutschen.

Fangen

Egal, ob hohe oder flache, scharf geschossene oder eher lahme Bälle – ein guter Torwart fängt sie alle. Dabei gehen die Arme dem Ball entgegen, die Hände bilden eine möglichst breite Fläche und sichern den Ball, damit er nicht wegrutscht.

Fausten

In gefährlichen Situationen wehrt ein Torwart den Ball oft mit einer oder mit beiden Fäusten ab. Der Ball wird dabei möglichst zu einem der eigenen Abwehrspieler gestoßen.

Fliegen

Bei einem Schuss in die Torecke muss der Torwart oft „fliegen", um ein Tor zu verhindern. Dafür macht er mit dem Bein, das in der Nähe des Balls ist, einen Schritt in dessen Richtung und springt dann mit dem ganzen Körper hinterher.

Du entscheidest selbst:
- Was ist eine „Abseitsfalle"? ➡ Seite 26/27
- Wie lange dauert ein Spiel der F-Jugend? ➡ Seite 18/19

Lies mal weiter!
Seite 22, 48, 56

Individualtaktik

Der Trainer beobachtet oft angespannt das Spiel und ruft den Spielern Anweisungen zu.

Ein Abwehrspieler muss sich bei einem Fußballspiel anders verhalten als ein Stürmer oder Mittelfeldspieler, da jeder unterschiedliche Aufgaben hat: einen Gegner decken, den Sturm mit Pässen unterstützen oder Tore schießen. Um seine Aufgabe gut zu erfüllen, braucht er eine spezielle Taktik. In der Fußballsprache sagt man dazu Individualtaktik, weil sie den einzelnen Spieler betrifft. Darüber hinaus ist es wichtig, dass alle Spieler der gleichen Spielgruppe – Abwehr, Mittelfeld oder Sturm – gut zusammenspielen. Das nennt man Gruppentaktik.

Die Abwehr

Oberstes Ziel der Abwehrspieler ist das Verhindern von Gegentoren. Dafür gibt es zwei verschiedene Möglichkeiten oder Taktiken. Traditionell ist die Manndeckung, bei der ein Abwehrspieler einen Gegner deckt, ihm also auf Schritt und Tritt folgt. Moderner ist die Raumdeckung: Ein Abwehrspieler „bewacht" einen Bereich des Spielfeldes.

Ein Abwehrspieler ist gut, wenn ...
- er schnell reagiert und läuft,
- er viele Zweikämpfe gewinnt,
- er kopfballstark ist,
- er sicher im Stellungsspiel ist,
- er Raum- oder Manndeckung gut beherrscht.

Raumdeckung:
Raumdeckung meint das Sichern eines Raumes auf dem Platz.

Manndeckung:
Unter Manndeckung versteht man das Decken eines gegnerischen Spielers.

Ein guter Mittelfeldspieler muss sehr vielseitig sein: zweikampfstark, torgefährlich und schnell.

Ein Stürmer ist gut, wenn ...
- er sich vom Gegner frei läuft,
- er sich für das Zuspiel anbietet,
- er präzise Pässe und Flanken schießt,
- er gut dribbelt und Tricks beherrscht,
- er viele Torchancen nutzt.

Das Mittelfeld

Ein Spieler im Mittelfeld hat vielfältige Aufgaben: Er wird je nach Spieltaktik eher offensiv (in Richtung Sturm) oder defensiv (in Richtung Abwehr) eingesetzt. Seine Pässe sollten präzise sein und sein Kombinationsspiel geschickt. Aus der zweiten Reihe sollte er scharfe Weitschüsse auf das Tor beherrschen. Und er braucht viel Kondition.

Ein Mittelfeldspieler ist gut, wenn ...
- er laufstark und schnell ist,
- er vielseitig und geschickt ist,
- er scharf und genau schießt,
- er mal defensiv, mal offensiv spielt,
- er überraschende Spielzüge bringt.

Der Sturm

Ein Stürmer sollte zweikampfstark sein, um sich vor dem Tor gegen die Abwehr der gegnerischen Mannschaft durchzusetzen. Er muss sprinten können, damit er jederzeit anspielbar ist und seine Position schnell ändern kann. Im Idealfall hat ein Stürmer auch einen guten „Torriecher", verwandelt also möglichst viele Chancen in Tore für seine Mannschaft.

Du entscheidest selbst:
- Welche Stadien sind besonders berühmt? ➡ Seite 12/13
- Wann gilt ein Tor? ➡ Seite 20/21

Ein Stürmer muss möglichst viele Torchancen nutzen.

Lies mal weiter!
Seite 24, 30, 48

Mannschaftstaktik

Die Taktik des Spieltages hängt ab von ...
- dem Tabellenplatz,
- dem Spielstand,
- der Verfassung der Mannschaft,
- eventuellen Spielerstrafen,
- unerwarteten Schwächen,
- Umstellungen beim Gegner,
- den Platz- und Wetterverhältnissen.

Knack den Code!

6. Wie heißt eine auf Angriff angelegte Spielweise? (5. Buchstabe)

Damit eine Mannschaft erfolgreichen Fußball spielt, müssen alle Spieler ihre Aktionen gut aufeinander abstimmen. Außerdem braucht die Mannschaft einen Plan für ihr Spiel. Diesen Plan nennt man Mannschaftstaktik. Der Trainer stellt ihn auf und berücksichtigt dabei die unterschiedlichen Fähigkeiten seiner Spieler. Je nachdem wo ihre Stärken liegen, setzt er die taktischen Schwerpunkte im Angriff (Offensive) und in der Abwehr (Defensive).

Konterspiel und Positionsangriff

Wenn eine Mannschaft offensiv auf einen möglichst starken Sturm setzt, kann sich der Trainer für das Konterspiel oder den Positionsangriff entscheiden. Beim Konterspiel wird möglichst schnell und direkt aus der Abwehr auf das gegnerische Tor gespielt. Der Positionsangriff ist eine langsamere, mehr auf Sicherheit bedachte Spielweise.

Verteidigungstaktik

Auch für die Abwehr gibt es verschiedene taktische Möglichkeiten, am wichtigsten sind die Manndeckung und die Raumdeckung. Viele Trainer bevorzugen die Raumdeckung, bei der ein Abwehrspieler einen bestimmten Raum sichert. Der ballführende Spieler wird von dem Gegenspieler angegriffen, der ihm am nächsten ist.

Die richtige Taktik

Interview mit Mario

Hallo, Mario! Kannst du uns erklären, was Taktik des Spieltages bedeutet?

Mario: Ja, gerne. Das heißt, dass ein Trainer vor dem Spiel überlegt, ob seine Taktik für diesen Tag passt.

Wovon hängt das ab?

Mario: Ein Spieler kann zum Beispiel krank sein.

Was noch?

Mario: Wie der Platz beschaffen ist. Hat es geregnet? Droht der Abstieg? Dann kann eine andere Taktik sinnvoll sein.

Vielen Dank – und die richtige Taktik fürs nächste Spiel.

Der Trainer bespricht sich mit seiner Mannschaft auf dem Trainingsplatz.

Verschiedene Spielweisen

Manche Mannschaften sind berühmt für eine bestimmte Taktik, mit der sie besonders erfolgreich waren. Für einige Spielweisen wurden sogar eigene Namen gefunden.

Hasen und Mäuse

Wenn eine Mannschaft „Angsthasenfußball" spielt, dann spielt sie sehr defensiv und geht auf Nummer sicher. Das Gegenteil davon ist „mit Mann und Maus" spielen, nämlich eine sehr angriffsorientierte Spielweise. Diese Mannschaft spielt offensiv.

Kick and Rush

Das kommt aus dem Englischen und bedeutet „treten und loslaufen". So bezeichnet man ein schnelles Konterspiel mit langen Pässen.

Catenaccio

Eine sehr defensive Spielweise war der italienische „Catenaccio", bei der sich die Mannschaft hinten „einmauerte" und den Gegner bis an den Strafraum herankommen ließ. Durch diese kompakte Abwehr kam nur selten ein Angreifer durch.

Je enger der Gegner bei der Manndeckung gedeckt wird, desto größer ist die Chance, den Ball vor ihm zu erwischen.

„Kick and Rush" ist typisch für den englischen Fußball.

Lies mal weiter!
Seite 40, 52, 66

Spielsysteme

Der Torwart wird bei den Spielsystemen nicht mitgezählt.

Wenn ein wichtiges Fußballspiel im Fernsehen übertragen wird, blendet man vor Spielbeginn fast immer die Aufstellung der beiden Mannschaften auf dem Spielfeld ein. Auf einer Art Skizze wird gezeigt, welche Spieler in der Abwehr spielen, welche Spieler im Mittelfeld und welche im Sturm. Die Aufstellung einer Mannschaft auf dem Platz nennt man Spielsystem.

Mannschaftsteile

Das Spielsystem legt die Zahl der Spieler fest, die den verschiedenen Mannschaftsteilen zugeordnet sind: der Abwehr, dem Mittelfeld und dem Sturm. Die Entscheidung für ein Spielsystem hängt von mehreren Faktoren ab, vor allem von der Grundeinstellung des Trainers. Alle Spielsysteme werden mithilfe von Zahlen beschrieben, jedem Mannschaftsteil wird dabei eine Zahl zugeordnet, zum Beispiel: 3-5-2 oder 3-4-3.

Beim „WM-System" (3-4-3) von 1930 erinnert die Anordnung der Stürmer an ein „W", die der Verteidiger an ein „M".

Deutschland wurde 1990 mit dem Spielsystem 3-5-2 Weltmeister.

Kaum zu glauben

Das erste Spielsystem wurde bereits in den 1880er-Jahren erfunden: die „Passpyramide“.

Das Spielsystem 4-4-2 wird heute von vielen Trainern bevorzugt.

Aus den 1950er-Jahren stammt das Spielsystem 4-2-4: Brasilien wurde damit Weltmeister.

Klassiker

Im Laufe der Zeit haben sich einige Spielsysteme so gut bewährt, dass sie für viele Trainer und ihre Mannschaften zum Vorbild wurden. Als die vier „Klassiker“ gelten die Spielsysteme 3-5-2 und 3-4-3 sowie 4-4-2 und 4-2-4.

Variationen

Aber es gibt noch viele andere Möglichkeiten, eine Mannschaft aufzustellen. Und zu den Aufgaben eines Trainers gehört es daher auch, neue Variationen auszuprobieren, die für seine Mannschaft ideal sein könnten.

Du entscheidest selbst:

- Seit wann gibt es in Österreich Fußballmeisterschaften?
  ➡ Seite 58/59
- Wie alt sind die „Bambini“?
  ➡ Seite 50/51

Lies mal weiter!
Seite 14, 58, 66

Kinder- und Jugendfußball

In Deutschland spielen ungefähr zwei Millionen Mädchen und Jungen Fußball im Verein – und seit der Weltmeisterschaft 2006 steigt ihre Zahl ständig. Dazu kommen die Vielzahl an Kindern, die auf der Wiese, dem Sportplatz, im Hinterhof oder an anderen Orten kicken. Sie alle haben jede Menge Spaß an diesem beliebten Ballsport!

Faszination Fußball

In Ländern, die am Meer liegen, dient oft der Strand als Fußballplatz.

Kinder, die gerne kicken, finden (fast) überall einen geeigneten Platz für ihr Lieblingsspiel: einen Bolzplatz oder eine Wiese, den Schul- oder Hinterhof, manchmal auch eine verkehrsberuhigte Straße. Auch sonst brauchen sie nicht viel zum Fußballspielen: einen Ball und andere Kinder. Doch auch alleine kann man gut trainieren und seine Technik verbessern, zum Beispiel beim Dribbeln oder Köpfen.

Rund um die Welt

Wie kaum ein anderer Sport begeistert Fußball Kinder und Jugendliche auf der ganzen Welt – egal, ob sie in Japan, im Kongo oder in Brasilien leben. Wer einmal im Urlaub mit Mädchen und Jungen aus anderen Ländern gekickt hat, weiß, dass die Fußballsprache überall verstanden wird. Für manche Kinder in ärmeren Ländern ist der Fußball auch eine Chance, ihrem oft harten Alltag zu entkommen: Sie träumen davon, später vielleicht einmal Fußballprofi zu werden. Sie trainieren viel und versuchen ihr Talent immer zu zeigen – vielleicht werden sie ja eines Tages entdeckt. Und so manch einer hat es tatsächlich geschafft!

In asiatischen Großstädten wie Tokio kann man sogar auf manchen Hochhausdächern kicken!

Auch Profis wie Ronaldinho oder Diego haben als Kinder Straßenfußball gespielt.

Hallo, Felix,
gestern war ich bei meinem Traumverein im Nachbarort: dem FC Unterhausen. Dort hab ich beim Probetraining mitgemacht. Sie haben mich gleich genommen, weil sie grad einen Stürmer suchen! Super, was? Tim

In den jüngeren Altersklassen spielen Mädchen und Jungen gemeinsam in einer Mannschaft.

Vereinsfußball

Viele fußballbegeisterte Mädchen und Jungen möchten regelmäßig trainieren und an richtigen Fußballspielen teilnehmen. Deshalb treten sie einem Fußballverein bei. Dort können sie zunächst bei einem Probetraining ihrer Altersklasse mitmachen. Dabei merkt man meist schnell, ob Trainer und Spieler nett sind. Wenn sich das Kind für den Verein entschieden hat, wird es offiziell Mitglied und bekommt einen Spielerpass. Damit darf es an offiziellen Punktspielen gegen andere Vereine teilnehmen.

Weil auch immer mehr Mädchen im Verein Fußball spielen wollen, bieten mittlerweile viele Vereine reine Mädchenmannschaften an.

Der Kampf um den Ball wird oft mit viel Leidenschaft geführt.

- Wie geht der „Hackentrick“? ➡ Seite 30/31
- Wie stoppt man hohe Bälle? ➡ Seite 32/33

Kaum zu glauben
In Deutschland gibt es etwa 6500 Mädchen- und Frauenmannschaften!

Lies mal weiter!
Seite 40, 48, 64

Altersklassen und Training

Immer mehr Mädchen entdecken den Fußball: aktiv oder als Schiedsrichterin.

Im Verein werden die Kinder je nach Alter in verschiedene Spielklassen eingeteilt – die Kleinsten, die „Bambini", spielen in der G-Jugend, die Größten in der A-Jugend. Diese Altersklassen wurden eingeführt, damit alle Spieler in der eigenen und gegnerischen Mannschaft etwa gleich alt sind. Denn gegen einen Spieler, der einen Kopf größer ist, hat man beim Fußball schlechte Karten!

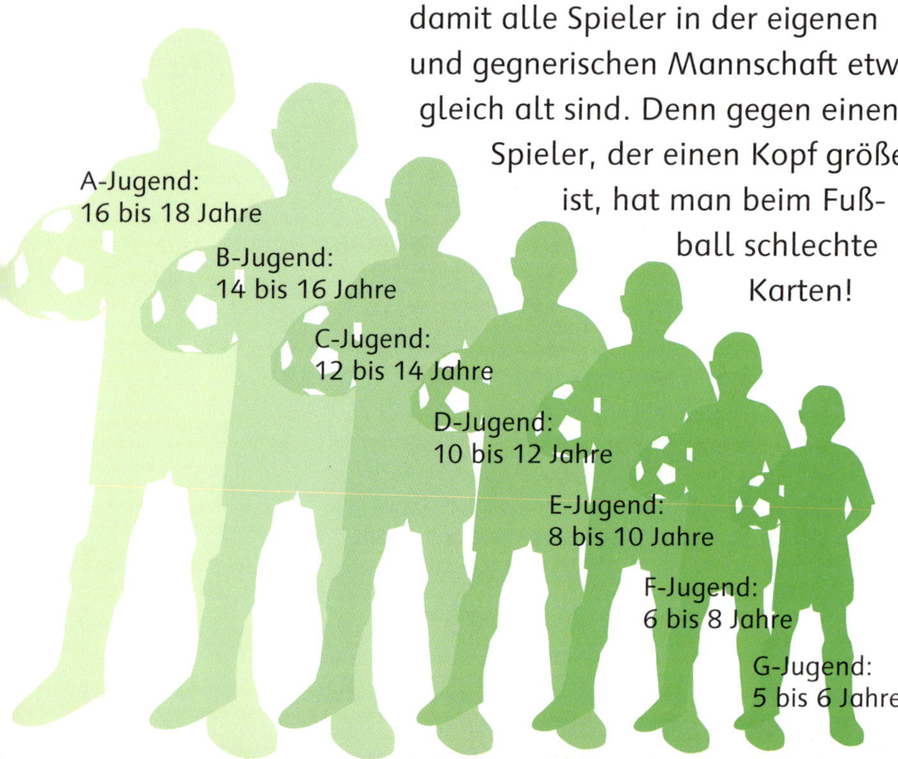

Welche Regeln für welches Alter

In der G- und F-Jugend wird noch nicht um Pokale und Meisterschaften gekämpft – dafür gibt es spannende Turniere, im Winter in der Halle, im Sommer draußen. Außerdem wird die ersten Jahre auf einem kleineren Platz, dem Kleinfeld, gespielt und die Abseitsregel gilt erst ab der D-Jugend.

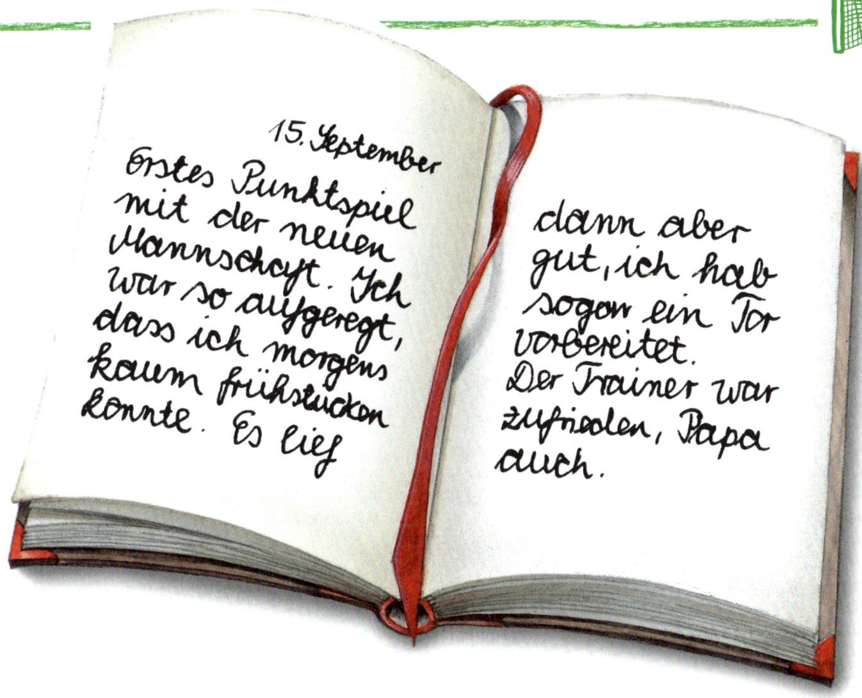

Nachwuchsförderung
Seit einigen Jahren bemüht sich der Deutsche Fußballverband DFB verstärkt um junge Talente im Fußball. In sogenannten Fußball-Stützpunkten werden begabte Spieler von 10 bis 17 Jahren professionell trainiert und ausgebildet. Außerdem haben alle Bundesligavereine spezielle Jugendleistungszentren eingerichtet, um den Nachwuchs zu fördern.

Auswahlmannschaften
Eine weitere Möglichkeit für junge Fußballtalente sind die Auswahlmannschaften. Je nach Können werden die besten Spieler aller Altersklassen in verschiedene Kreise eingeteilt. Wer besonders gute Leistungen bringt, kann sogar in eine der Jugendnationalmannschaften kommen. Sie fangen bei Jungen bei den U-15-Junioren (unter 15 Jahre) an und reichen von der U 16, U 17, U 18, U 19, U 20 bis zur U 21. Bei den Mädchen gibt es die U 15, U 17, U 19, U 20 und die U-23-Junioren.

Knack den Code!
7. Welche Regel gilt erst ab der D-Jugend?
(1. Buchstabe)

In Feriencamps trainieren die Kinder in kleinen Gruppen mehrere Tage am Stück.

Lies mal weiter!
Seite 14, 20, 30

Fußball-Spiele

Für diese Funsport-Spiele braucht man einen Fußball und ein paar Mitspieler. Sie machen Spaß und ganz nebenbei werden Ballgefühl und Technik trainiert.

Fußball-Volleyball

Wie beim richtigen Volleyball spielen zwei Mannschaften über ein Netz – hier ist es etwa 1,50 Meter hoch. Die Zahl der Spieler ist variabel – zwei, vier, sechs oder mehr. Zur Angabe wird der Ball mit dem Fuß über das Netz zum Gegner gespielt. Der muss den Ball in der Luft annehmen und übers Netz wieder zurückspielen. Der Ball darf den Boden nicht berühren, sonst hat der Gegner Angabe.

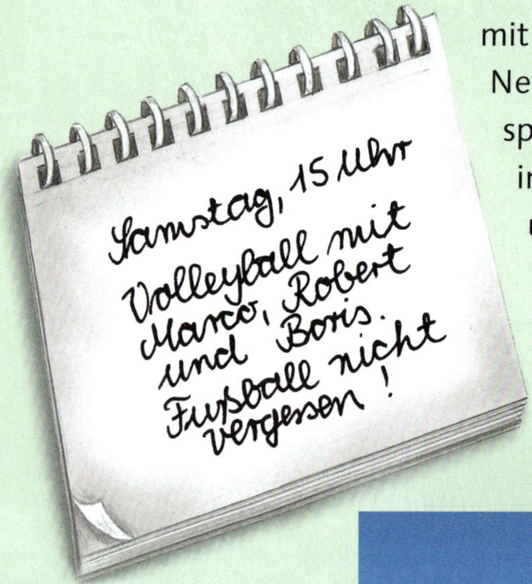

Beim Fußball-Volleyball ist Geschicklichkeit gefragt.

Fußball-Basketball

Am besten spielen sechs Kinder mit: Je zwei bilden eine Mannschaft und je ein Kind hält den Korb – einen Eimer oder Karton. Wie beim Basketball spielt man sich den Ball mit der Hand zu, bis sich eine Chance ergibt, ihn in den Korb zu köpfen. Wichtig ist, dass die Spieler sich den Ball möglichst in Kopfhöhe zuwerfen. Der Korbhalter spielt mit, er kann dem Ball entgegenlaufen.

Wer Lust hat, kann beim Fußball-Squash auch um Punkte spielen.

Fußball-Boccia

Bei diesem Spiel braucht jeder Spieler einen Ball. Das Ziel ist es, wie beim richtigen Boccia den Ball möglichst nah auf ein vorher festgelegtes Ziel zu schießen – mit viel Gefühl! Als Ziel eignet sich ein Hütchen, es können aber auch Torwarthandschuhe sein. Liegt in der Nähe des Ziels bereits ein anderer Ball, darf man ihn wegkicken.

Fußball-Squash

Mit Kreide oder Klebeband wird auf einer Mauer in etwa 1 Meter Höhe eine Linie markiert. Ein Kind schießt den Ball direkt über der Markierung gegen die Mauer – und zwar so, dass der zurückspringende Ball wieder im Spielfeld landet. Der Gegner muss ihn vom Boden oder aus der Luft zurückspielen, sonst hat der andere Spieler Angabe.

Du entscheidest selbst:
- Was bedeutet „Fausten"?
  ➡ Seite 38/39
- Wann wirft der Schiedsrichter eine Münze?
  ➡ Seite 18/19

Beim Fußball-Boccia schießt man am besten mit der Fußinnenseite.

Lies mal weiter!
Seite 10, 44, 64

FCBARCELONA
PARIS

Profifußball

Die meisten Fußballspieler sind Amateure, sie kicken in ihrer Freizeit und üben einen ganz anderen Beruf aus. Wenn ein Spieler den Aufstieg in die Bundesliga schafft, ändert sich das: Er wird Profi, verdient also Geld mit dem Fußballspielen. Die ersten Fußballprofis gab es schon vor 120 Jahren in England – ihre Gehälter waren allerdings nicht mit denen der heutigen Fußballstars zu vergleichen!

Bundesliga

Kaum zu glauben

In Deutschland gibt es über 171 000 offizielle Fußballmannschaften!

Der deutsche Vereinsfußball wird, bis auf die Bundesliga, vom DFB organisiert. Ausrichter und Organisator der Bundesliga ist seit der Saison 2001/2002 der Ligaverband/DFL (Deutsche Fußball Liga GmbH).

Gespielt wird in verschiedenen Ligen, die wie eine Pyramide aufgebaut sind. Den Sockel bilden die Kreisligen, an der Spitze stehen die Erste und Zweite Bundesliga, gefolgt von der Dritten Liga. Für den Auf- und Abstieg der Vereine von einer Liga zur anderen gibt es genaue Regeln.

Österreich

Die österreichische Bundesliga gibt es in ihrer heutigen Form erst seit 1991. Zu ihr gehören die zwei Ligen „tipp3-Bundesliga powerd by T-Mobile“ und „Heute für morgen“ Erste Liga mit jeweils zehn Vereinen.

Schweiz

In der Schweiz unterscheidet man eine erste Liga, die „Axpo Super League“ (ASL) mit insgesamt zehn Vereinen und eine zweite Liga, die „Challenge League“ (ChL), mit sechszehn teilnehmenden Vereinen.

Die Bundesliga

Millionen von Zuschauern fiebern am Wochenende mit, wenn die Vereine der Ersten und Zweiten Bundesliga in einer Hin- und Rückrunde um den jeweiligen Meistertitel spielen. Die Fans sind entweder live im Stadion dabei oder verfolgen die Spiele vor dem Fernseher. Und für viele ist die Bundesliga am Montag das Gesprächsthema Nummer eins.

Ligen im deutschen Fußball

- Erste Bundesliga
- Zweite Bundesliga
- Dritte Liga
- Regionalligen
- Oberligen
- Verbandsligen
- Landesligen
- Bezirksligen
- Kreisligen

Ein Bundesligaspiel erleben im Durchschnitt etwa 40 000 Zuschauer live im Stadion.

Knack den Code!

8. Wie nennt man die verschiedenen Klassen im Fußball?
(1. Buchstabe)

Auf- und Abstieg

In der Bundesliga wird nicht nur um den Meistertitel gekämpft, sondern es geht auch um Auf- und Abstieg. Die letzten zwei Mannschaften der Erstligatabelle steigen nämlich direkt in die Zweite Bundesliga ab und werden durch die besten zwei Teams der Zweiten Bundesliga ersetzt. Der Drittletzte der Ersten Bundesliga tritt in der sogenannten Relegation in einem Hin- und Rückspiel gegen den Drittplatzierten der Zweiten Bundesliga an. Der Sieger dieses Duells spielt in der darauffolgenden Saison in der Ersten Liga. Oft bleibt es bis zum letzten Spieltag spannend, weil sich erst dann entscheidet, welche Mannschaft den Klassenerhalt schafft – und welche nicht!

Bundesliga-Torschützenkönige seit 2000

2000	Martin Max	TSV 1860 München	19 Tore
2001	Ebbe Sand	Schalke 04	22 Tore
	Sergej Barbarez	Hamburger SV	22 Tore
2002	Martin Max	TSV 1860 München	18 Tore
	Marcio Amoroso	Borussia Dortmund	18 Tore
2003	Giovane Elber	FC Bayern München	21 Tore
	Thomas Christiansen	VfL Bochum	21 Tore
2004	Ailton	Werder Bremen	28 Tore
2005	Marek Mintal	1. FC Nürnberg	24 Tore
2006	Miroslav Klose	Werder Bremen	25 Tore
2007	Theofanis Gekas	VfL Bochum	20 Tore
2008	Luca Toni	FC Bayern München	24 Tore
2009	Grafite	VfL Wolfsburg	28 Tore
2010	Edin Džeko	VfL Wolfsburg	22 Tore
2011	Mario Gomez	FC Bayern München	28 Tore

Lies mal weiter!
Seite 12, 46, 60

Meisterschaft und Pokal

Borussia Dortmund wurde bereits mehrfach Deutscher Meister.

Wenn der FC Bayern Meister wird, feiert halb München auf dem Marienplatz.

In der ersten Bundesliga kämpfen die Mannschaften in einer Hin- und einer Rückrunde um die Deutsche Meisterschaft. In jeder Runde spielt jedes Team einmal gegen jeden – zu Hause und auswärts. Die erzielten Punkte werden zusammengezählt.
Den begehrten Meistertitel und die dazugehörige Schale bekommt die Mannschaft, die am Saisonende die meisten Punkte hat. Absoluter deutscher Rekordmeister der ersten Bundesliga ist der FC Bayern München.

DFB-Pokal

Eine weitere begehrte Trophäe im deutschen Fußball ist der DFB-Pokal, der seit 1935 alljährlich ausgespielt wird. Dieser Wettbewerb wird im Gegensatz zu den Bundesligaspielen im K.-o.-System gespielt: Wer eine Partie verliert, scheidet aus, der Gewinner kommt eine Runde weiter. Erfolgreichster Verein im Kampf um die Trophäe ist der FC Bayern München, der auch schon mehrmals das Double – den Erfolg von Meisterschaft und Pokal in einer Saison – geschafft hat.

Profis gegen Amateure

Was den DFB-Pokal besonders reizvoll und oft sehr spannend macht, ist zum einen das K.-o.-System, zum anderen, dass Vereine aus der Ersten Bundesliga gegen Zweitligisten und Amateure aus anderen Ligen antreten. Und nicht selten gewinnt wie bei David gegen Goliath der eigentlich Schwächere! Wer gegen wen spielt, entscheidet vor jeder Runde das Los. Kein Verein weiß also, auf welchen Gegner er nach einem Sieg in der nächsten Runde trifft. Spielt ein Amateurverein gegen einen Profiklub, hat der Amateurverein immer Heimrecht. Wenn es in einem Spiel nach der Verlängerung noch unentschieden steht, wird der Sieger durch Elfmeterschießen ermittelt. Das Endspiel findet seit 1985 immer im Berliner Olympiastadion statt.

Kaum zu glauben

Im Volksmund heißt die deutsche Meisterschale „Salatschüssel"!

In den 52 Zentimeter hohen DFB-Pokal wird der Name der siegreichen Mannschaft eingraviert.

Heimrecht

Das Heimrecht für Amateure hat zwei Gründe: Erstens können die Zuschauer die großen Stars endlich einmal aus der Nähe erleben – das Stadion ist ausverkauft, was den kleinen Vereinen viel Geld bringt. Zweitens können durch den „zwölften Mann" – das sind die Fans, die ihre Mannschaft zu Höchstleistungen anfeuern – Leistungsunterschiede auf dem Platz ausgeglichen werden.

Du entscheidest selbst:
- Wo befindet sich der Elfmeterpunkt?
  ➡ Seite 14/15
- Seit wann gibt es die Frauenbundesliga?
  ➡ Seite 64/65

Österreich und Schweiz

In Österreich werden im Fußball seit 1911 Meisterschaften ausgetragen, die Bundesliga in ihrer heutigen Form gibt es dagegen erst seit 1991. Erfolgreichster Verein ist Rapid Wien. In der Schweiz wird seit 1925 um den Meistertitel gekämpft. Hier steht der Grasshopper-Club Zürich in der Rangliste ganz oben.

Lies mal weiter!
Seite 22, 26, 56

Die Top-Vereine

Manche Vereine wie der FC Bayern München, der Hamburger SV oder Schalke 04 spielen seit vielen Jahren ohne Unterbrechung in der Ersten Bundesliga. Andere schaffen es für ein oder mehrere Jahre, steigen dann aber wieder in die Zweite Bundesliga ab. Umso mehr fiebern die Fans oft mit, etwa beim FSV Mainz 05, beim 1. FC Kaiserslautern oder beim Vfl Bochum.

Teure Transfers

Ob ein Verein ganz oben mitspielt, hat auch damit zu tun, ob er es sich leisten kann, teure Spieler einzukaufen. Für einen Vereinswechsel oder „Transfer" müssen oft Ablösen in Millionenhöhe gezahlt werden. Um das nötige Geld aufzubringen, schließen die Vereine unter anderem Verträge mit Sponsoren ab. Diese dürfen dann ihre Werbung auf den Trikots oder im Stadion platzieren.

Top-Vereine in Deutschland

- FC Bayern München
  - 22 x Deutscher Meister
  - 15 x Pokalsieger
- Borussia Dortmund
  - 7 x Deutscher Meister
  - 2 x Pokalsieger
- Borussia Mönchengladbach
  - 5 x Deutscher Meister
  - 3 x Pokalsieger
- Eintracht Frankfurt
  - 1 x Deutscher Meister
  - 4 x Pokalsieger
- Hamburger SV
  - 6 x Deutscher Meister (1922 Titelverzicht)
  - 3 x Pokalsieger
- Hannover 96
  - 2 x Deutscher Meister
  - 1 x Pokalsieger
- 1. FC Nürnberg
  - 9 x Deutscher Meister
  - 4 x Pokalsieger
- FC Schalke 04
  - 7 x Deutscher Meister
  - 5 x Pokalsieger
- VfB Stuttgart
  - 5 x Deutscher Meister
  - 3 x Pokalsieger
- SV Werder Bremen
  - 4 x Deutscher Meister
  - 6 x Pokalsieger

Kaum zu glauben

Nuri Sahin spielte mit nur 16 Jahren bei Borussia Dortmund in der Bundesliga!

Der FC Basel ist mit 14 Meistertiteln einer der erfolgreichsten Schweizer Vereine.

Drei-Punkte-Regel

Seit 1995/96 gilt in der Bundesliga und bei anderen Begegnungen im Fußball die Drei-Punkte-Regel: Der Sieger einer Partie bekommt drei Punkte (vorher waren es zwei Punkte). Der Verlierer verlässt das Spielfeld punktlos. Bei einem Unentschieden dürfen beide Vereine je einen Punkt mit nach Hause nehmen.

Rapid Wien ist mit 32 Meistertiteln österreichischer Rekordmeister.

Top-Vereine in Österreich

- SK Rapid Wien
  - 32 x Österreichischer Meister
  - 14 x Cupsieger
- FK Austria Wien
  - 23 x Österreichischer Meister
  - 27 x Cupsieger
- FC Tirol Innsbruck
  - 10 x Österreichischer Meister
  - 7 x Cupsieger
- FC Trenkwalder Admira Wacker Mödling
  - 9 x Österreichischer Meister
  - 6 x Cupsieger

Top-Vereine in der Schweiz

- Grasshopper-Club Zürich
  - 27 x Schweizer Meister
  - 18 x Cupsieger
- FC Basel
  - 14 x Schweizer Meister
  - 10 x Cupsieger
- BSC Young Boys
  - 11 x Schweizer Meister
  - 6 x Cupsieger
- FC Zürich
  - 12 x Schweizer Meister
  - 7 x Cupsieger

Du entscheidest selbst:
- Seit wann gibt es Fußballregeln? ➡ Seite 10/11
- Wo findet das Endspiel des DFB-Pokals statt? ➡ Seite 58/59

Lies mal weiter!
Seite 26, 56, 62

Die Nationalmannschaft

Bei Länderspielen in der Nationalmannschaft aufzulaufen, ist für viele Fußballspieler der größte Wunsch. Für jeden noch so erfolgreichen Profi ist es eine besondere Ehre, in ihren Kader berufen zu werden. Denn die Nationalmannschaft vertritt den deutschen Fußball und den DFB auf internationaler Ebene. Dank ihrer zahlreichen Titel und Erfolge genießt sie weltweit einen sehr guten Ruf und hohes Ansehen.

Die Besten der Besten

Interview mit Mario

Hallo Mario, was bedeutet eigentlich „Auswahlmannschaft"?

Mario: Das sagt man oft zur Nationalelf.

Und warum?

Mario: Weil nur „ausgewählte", also besonders gute Spieler dort spielen dürfen.

Die können ja dann richtig stolz sein, oder?

Mario: Wenn sie gewinnen, ja …

Bundestrainer Joachim Löw wird von Assistenz-Trainer Hans-Dieter Flick und Torwart-Trainer Andreas Köpke unterstützt.

Der Nationaltrainer

Der Nationaltrainer wählt für die Nationalelf die besten deutschen Spieler aus in- und ausländischen Vereinen aus. Wie kein anderer Trainer steht er im Scheinwerferlicht des Interesses, wird je nach Erfolg gelobt oder kritisiert. In Deutschland ist derzeit Joachim Löw Bundestrainer und Nachfolger von Jürgen Klinsmann, der sein Amt nach der WM 2006 niedergelegt hat. Auf das Abschneiden des deutschen Teams bei der EM 2012 darf man gespannt sein!

Weltmeisterschaften

Der bedeutendste Wettbewerb im Fußball ist die FIFA Fußball-Weltmeisterschaft (WM). Die besten Nationalmannschaften aus 32 Ländern der Erde treten in Vor- und Hauptrundenspielen gegeneinander an. Die erste Fußball-Weltmeisterschaft fand 1930 in Uruguay statt. Seitdem wird dieser Wettbewerb regelmäßig alle vier Jahre ausgespielt, nur 1942 und 1946 fand wegen des Zweiten Weltkriegs keine WM statt. Austragungsland der nächsten WM 2014 ist Brasilien.

Weltmeister

Jahr	*Titelgewinner*
2010	Spanien
2006	Italien
2002	Brasilien
1998	Frankreich
1994	Brasilien
1990	Deutschland
1986	Argentinien
1982	Italien
1978	Argentinien
1974	Deutschland
1970	Brasilien
1966	England
1962	Brasilien
1958	Brasilien
1954	Deutschland
1950	Uruguay
1938	Italien
1934	Italien
1930	Uruguay

Europameister

Jahr	*Titelgewinner*
2008	Spanien
2004	Griechenland
2000	Frankreich
1996	Deutschland
1992	Dänemark
1988	Niederlande
1984	Frankreich
1980	Deutschland
1976	CSSR
1972	Deutschland
1968	Italien
1964	Spanien
1960	UdSSR

Europameisterschaften

Die besten europäischen Nationalmannschaften kämpfen bei der UEFA Fußball-Europameisterschaft (EM) um diesen begehrten Titel. Die EM findet ebenfalls alle vier Jahre statt, immer zwischen zwei Weltmeisterschaften. Die nächste EM wird 2012 von Polen und der Ukraine ausgetragen und 2016 von Frankreich. Und schon jetzt fragen sich die Fußballfans, welche Nationalmannschaft 2012 den Siegerpokal erkämpfen wird!

Knack den Code!

9. Wer gewann die erste Europameisterschaft?
(1. Buchstabe)

Lies mal weiter!
Seite 34, 54, 66

Frauenfußball

Die deutsche Frauen-Bundesliga zählt zu den besten in ganz Europa.

Kaum zu glauben

In den USA ist Frauenfußball so beliebt, dass Fußball geradezu als Frauensport gilt!

Die erste Frauenfußball-Mannschaft formierte sich bereits 1894 in England: die „British Ladies". Das erste Spiel der Fußballerinnen – England Nord gegen England Süd – fand 1895 statt und wurde von etwa 10 000 Zuschauern verfolgt. Doch schon 1902 wurde es den Frauen verboten, Fußball zu spielen. So ähnlich ging es in der Folgezeit weiter, in England und auch in Deutschland. Fußball galt damals als reiner Männersport. Es dauerte noch bis zum Jahr 1970, bis der Deutsche Fußballverband DFB den Frauen offiziell erlaubte, im Verein Fußball zu spielen. 1974 wurde der Meistertitel, damals noch in Turnierform, erstmals vergeben. 1981 folgte der erste Pokalwettbewerb.

Bundesliga

Eine Frauen-Bundesliga gibt es in Deutschland seit 1990: Zwölf Vereine kämpfen um den Meistertitel. Gespielt wird wie bei den Männern nach dem Modus „Jeder gegen jeden" in einer Hin- und Rückrunde. Auch die gewohnte Spielzeit von zweimal 45 Minuten gilt seit 1993. Zuvor spielten die Frauen insgesamt zehn Minuten weniger.

Die Spielerinnen sind im Gegensatz zu den Männern Amateure, gehen also zusätzlich einem Beruf nach.

In der Zweiten Bundesliga, die 2004 gegründet wurde, spielen die Frauenmannschaften in zwei Gruppen, Nord und Süd.

In Österreich gibt es seit 1982 eine Frauen Bundesliga. In der Schweiz startete die Nationalliga A im Jahr 1970.

Nationalmannschaft

Auf internationaler Ebene spielen die deutschen Fußballfrauen seit der Gründung der Frauen-Nationalmannschaft 1982. Seitdem hat das deutsche Team sieben Europameistertitel, einen Vize-Weltmeistertitel und als Krönung zwei Weltmeistertitel gewonnen. Dazu kommen der Gewinn der Bronzemedaillen bei den Olympischen Spielen 2000 in Sydney, 2004 in Athen und 2008 in Peking.

Die weltweit erfolgreichste Frauenmannschaft ist das Team der USA. Dort ist Frauenfußball bei Aktiven und Zuschauern wesentlich beliebter als bei uns. Die Fußball-Weltmeisterschaft der Frauen 2011 wurde in Deutschland ausgetragen. Weltmeister wurde zum ersten Mal die japanische Nationalmannschaft.

Mädchenfußball

Immer mehr Mädchen in Deutschland entdecken das Fußballspiel als neuen Lieblingssport. Viele Fußballvereine haben darauf reagiert und eigene Mädchenmannschaften ins Leben gerufen. Auch der Deutsche Fußballverband DFB fördert den Frauenfußball zunehmend. Wer weiß: Vielleicht gibt es ja auch bei uns in ein paar Jahren eine Frauen-Profiliga wie in den USA!

Kaum zu glauben

Über eine Million Frauen und Mädchen spielen heute Fußball im Verein.

Du entscheidest selbst:

- Was macht einen guten Kopfball aus? ➡ Seite 36/37
- Welche Spiele gibt es rund um den Fußball? ➡ Seite 52/53

Auch bei den Fußballfrauen gilt: Eine für alle, alle für eine!

Lies mal weiter!
Seite 34, 48, 50

Europäische Wettbewerbe

Die erfolgreichsten Vereinsmannschaften Europas nehmen an großen internationalen Wettbewerben teil. Ursprünglich gab es drei Wettbewerbe um den Europapokal: den Europapokal der Landesmeister, den Europapokal der Pokalsieger und den UEFA-Pokal.

Vor einigen Jahren fasste die UEFA, die Vereinigung Europäischer Fußballverbände, die Wettbewerbe dann in der UEFA Champions League und der UEFA Europa League zusammen.

Für Spieler und Fußballfans sind diese hochrangigen Wettbewerbe absolute Höhepunkte einer Saison. Dabei geht es nicht nur um Ruhm und Ehre, sondern auch um viel Geld.

Knack den Code!

10. Welcher Verein war der erste deutsche Champions-League-Sieger?
(1. Buchstabe)

UEFA-Pokal/Europa-League-Sieger

Jahr	*Titelgewinner*
1997	FC Schalke 04 (GER)
1998	Inter Mailand (ITA)
1999	AC Parma (ITA)
2000	Galatasaray Istanbul (TUR)
2001	FC Liverpool (ENG)
2002	Feyenoord Rotterdam (NED)
2003	FC Porto (POR)
2004	FC Valencia (ESP)
2005	ZSKA Moskau (RUS)
2006	FC Sevilla (ESP)
2007	FC Sevilla (ESP)
2008	Zenit Sankt Petersburg (RUS)
2009	Schachtar Donezk (UA)
2010	Atlético Madrid (ESP)
2011	FC Porto (POR)

Seit vielen Jahren beherrschen die Mannschaften aus nur vier Ländern – England, Italien, Spanien und Deutschland – diese europäischen Wettbewerbe. Ihre Mannschaften haben sich die Mehrzahl der Titel gesichert.

UEFA Champions League

Die Europa League ist der zweitwichtigste Wettbewerb des europäischen Fußballverbands UEFA.

Für die Teilnahme ist – wie auch in der „Königsklasse" Champions League – ein erfolgreiches Abschneiden in der nationalen Meisterschaft erforderlich. Die besten Mannschaften der nationalen Fußballverbände qualifizieren sich für die Champions League, die ihnen folgenden Mannschaften und die Pokalsieger starten in der Europa League. Wie viele Mannschaften zugelassen werden, hängt von den internationalen Erfolgen der Vereine ab.

In diesem Wettbewerb treffen die erfolgreichsten Vereinsmannschaften Europas aufeinander. Jedes Jahr wird zunächst in Gruppenspielen, dann im K.-o.-System das beste europäische Team ermittelt.

Der Gewinner der Champions League spielt gegen den Gewinner des südamerikanischen Copa Libertadores um den Weltcup.

Erfolgreichster Verein in der Geschichte der Champions League (früher: Europapokal der Landes-

Internationale Fußballwettbewerbe werden von Millionen von Fans beim Public Viewing oder im Fernsehen verfolgt. Bei spannenden Spielszenen wie dieser gehen die Gefühle der Zuschauer hoch.

meister) ist Real Madrid, gefolgt vom AC Mailand.
Auch der FC Bayern München konnte den Titel schon mehrfach verteidigen.

Kaum zu glauben

Der UEFA-Pokal ist mit 15 Kilogramm der schwerste europäische Vereinspokal!

Champions-League-Sieger 1996–2011

- 1996 Juventus Turin (ITA)
- 1997 Borussia Dortmund (GER)
- 1998 Real Madrid (ESP)
- 1999 Manchester United (ENG)
- 2000 Real Madrid (ESP)
- 2001 FC Bayern München (GER)
- 2002 Real Madrid (ESP)
- 2003 AC Mailand (ITA)
- 2004 FC Porto (POR)
- 2005 FC Liverpool (ENG)
- 2006 FC Barcelona (ESP)
- 2007 AC Mailand (ITA)
- 2008 Manchester United (ENG)
- 2009 FC Barcelona (ESP)
- 2010 Inter Mailand (ITA)
- 2011 FC Barcelona (ESP)

Lies mal weiter!
Seite 18, 22, 50

Die besten Vereine Europas

Torjäger der Champions League
2000/2001
▶ Andriy Shevchenko 9 Tore (AC Mailand)
▶ Jardel 9 Tore (Galatasaray Istanbul)
2001/2002
▶ Ruud van Nistelrooy 10 Tore (Manchester United)
2002/2003
▶ Ruud van Nistelrooy 12 Tore (Manchester United)
2003/2004
▶ Fernando Morientes 9 Tore (AS Monaco)
2004/2005
▶ Ruud van Nistelrooy 8 Tore (Manchester United)
2005/2006
▶ Andriy Shevchenko 9 Tore (AC Mailand)
2006/2007
▶ Kaká 10 Tore (AC Mailand)
2007/2008
▶ Cristiano Ronaldo 8 Tore (Manchester United)
2008/2009
▶ Lionel Messi 7 Tore (FC Barcelona)
2009/2010
▶ Lionel Messi 8 Tore (FC Barcelona)
2010/2011
▶ Lionel Messi 12 Tore (FC Barcelona)

Seit vielen Jahren beherrschen eine Handvoll Vereine aus vier europäischen Ländern die großen Wettbewerbe: England, Italien, Spanien und Deutschland.

FC Liverpool
Der 1892 gegründete Verein erzielte fünf Siege im Europapokal der Landesmeister/Champions League und drei Titel im UEFA-Pokal.

FC Arsenal London
Der 1886 gegründete Londoner Fußballverein gewann je einmal den UEFA-Pokal und den Europapokal der Pokalsieger.

FC Chelsea London
Der Londoner Verein ist derzeit vermutlich der reichste Verein der Welt. International errang der Club zwei Siege im Europapokal der Pokalsieger.

Manchester United
Der traditionsreiche, 1878 gegründete Verein kann auf drei Siege im Europapokal der Landesmeister/Champions League und einen Titel im Europapokal der Pokalsieger stolz sein.

AC Mailand
Der italienische Traditionsverein gehört zu den erfolgreichsten Mannschaften Europas: sieben Champions-League-Titel und zwei Siege im Europapokal der Pokalsieger.

Inter Mailand
Der Rivale des AC Mailand gewann dreimal den Europapokal der Landesmeister/Champions League und dreimal den UEFA-Pokal.

Juventus Turin

„Juve“, wie die Fans sagen, hat zwei Siege im Europapokal der Landesmeister/Champions League, einen Sieg im Europapokal der Pokalsieger und drei im UEFA-Pokal errungen.

FC Barcelona

„Barca“, wie die Fans ihren Verein nennen, gilt als eine der besten Vereinsmannschaften der Welt: drei Siege im Europapokal der Landesmeister/Champions League, vier Siege im Europapokal der Pokalsieger.

Real Madrid

Der spanische Klub Real Madrid ist der insgesamt wohl erfolgreichste Verein der Welt. „Die Königlichen“, wie die Mannschaft oft genannt wird, gewannen bisher neun Titel im Europapokal der Landesmeister/Champions League und zwei im UEFA-Pokal.

FC Bayern München

Der beste deutsche Verein erreichte bisher einen Titel im Europapokal der Pokalsieger und vier Siege im Europapokal der Landesmeister/Champions League. Drei davon in Folge in den 1970er-Jahren: 1974, 1975 und 1976. Damals dominierte die Mannschaft um das unvergessene Trio Franz Beckenbauer, Sepp Maier und Gerd Müller diesen Wettbewerb. 1996 konnte der FC Bayern München auch den UEFA-Pokal gewinnen.

Torjäger UEFA-Pokal/ Europa-League

2000/2001
- ▶ Dimitar Berbatow
  7 Tore (ZSK Sofia)
- ▶ Bolo
  7 Tore (Rayo Vallecano)

2001/2002
- ▶ Pierre van Hooijdonk
  8 Tore (Feyenoord Rotterdam)

2002/2003
- ▶ Derlei
  12 Tore (FC Porto)

2003/2004
- ▶ Sonny Anderson
  6 Tore (FC Villarreal)
- ▶ Didier Drogba
  6 Tore (Olympique Marseille)
- ▶ Mateja Kežman
  6 Tore (PSV Eindhoven)
- ▶ Alan Shearer
  6 Tore (Newcastle United)

2004/2005
- ▶ Alan Shearer
  11 Tore (Newcastle United)

2005/2006
- ▶ Matías Delgado
  7 Tore (FC Basel)

2006/2007
- ▶ Walter Pandiani
  11 Tore (Espanyol Barcelona)

2007/2008
- ▶ Pavel Pogrebnyak
  10 Tore (Zenit St. Petersburg)
- ▶ Luca Toni
  10 Tore (FC Bayern München)

2009/2010
- ▶ Óscar Cardozo
  9 Tore (Benfica Lissabon)
- ▶ Claudio Pizarro
  9 Tore (Werder Bremen)

2010/2011
- ▶ Radamel Falcao
  17 Tore (FC Porto)

Du entscheidest selbst:
- Darf ein gepiercter Spieler aufgestellt werden?
  ➡ Seite 14/15
- Wer gewann 2007 die Champions-League?
  ➡ Seite 66/67

Lies mal weiter!
Seite 40, 44, 56

Leserätsel: Trage die Lösungsbuchstaben der Fragen von 1 bis 10 in die Kästchen auf der Schatzkarte ein.

Trage hier das richtige Lösungswort ein!
Die Zahlen unter den Kästchen zeigen an, von welcher Frage der Buchstabe stammt.

10	9	6	2	4	3	8	5	1	7

▸ Auflösung siehe Seite 80

6
2
1
5
7
ZIEL

Spannende Statistik

Weltmeister

Jahr	*Titelgewinner*
2010	Spanien
2006	Italien
2002	Brasilien
1998	Frankreich
1994	Brasilien
1990	Deutschland
1986	Argentinien
1982	Italien
1978	Argentinien
1974	Deutschland
1970	Brasilien
1966	England
1962	Brasilien
1958	Brasilien
1954	Deutschland
1950	Uruguay
1938	Italien
1934	Italien
1930	Uruguay

Europameister

Jahr	*Titelgewinner*
2008	Spanien
2004	Griechenland
2000	Frankreich
1996	Deutschland
1992	Dänemark
1988	Niederlande
1984	Frankreich
1980	Deutschland
1976	CSSR
1972	Deutschland
1968	Italien
1964	Spanien
1960	UdSSR

Deutsche Meister seit Gründung der Bundesliga

Jahr	*Titelgewinner*
2011	Borussia Dortmund
2010	FC Bayern München
2009	Vfl Wolfsburg
2008	FC Bayern München
2007	VfB Stuttgart
2006	FC Bayern München
2005	FC Bayern München
2004	Werder Bremen
2003	FC Bayern München
2002	Borussia Dortmund
2001	FC Bayern München
2000	FC Bayern München
1999	FC Bayern München
1998	1. FC Kaiserslautern
1997	FC Bayern München
1996	Borussia Dortmund
1995	Borussia Dortmund
1994	FC Bayern München
1993	Werder Bremen
1992	VfB Stuttgart
1991	1. FC Kaiserslautern
1990	FC Bayern München
1989	FC Bayern München
1988	Werder Bremen
1987	FC Bayern München
1986	FC Bayern München
1985	FC Bayern München
1984	VfB Stuttgart
1983	Hamburger SV
1982	Hamburger SV
1981	FC Bayern München
1980	FC Bayern München
1979	Hamburger SV
1978	1. FC Köln
1977	Borussia Mönchengladbach
1976	Borussia Mönchengladbach
1975	Borussia Mönchengladbach
1974	FC Bayern München
1973	FC Bayern München
1972	FC Bayern München
1971	Borussia Mönchengladbach
1970	Borussia Mönchengladbach
1969	FC Bayern München
1968	1. FC Nürnberg
1967	Eintracht Braunschweig
1966	TSV 1860 München
1965	Werder Bremen
1964	1. FC Köln

Sieger im DFB Pokal

Jahr	*Titelgewinner*
2011	FC Schalke 04
2010	FC Bayern München
2009	Werder Bremen
2008	FC Bayern München
2007	1. FC Nürnberg
2006	FC Bayern München
2005	FC Bayern München
2004	Werder Bremen
2003	FC Bayern München
2002	FC Schalke 04
2001	FC Schalke 04
2000	FC Bayern München
1999	Werder Bremen
1998	FC Bayern München
1997	VfB Stuttgart
1996	1. FC Kaiserslautern
1995	Borussia Mönchengladbach
1994	Werder Bremen
1993	Bayer Leverkusen
1992	Hannover 96
1991	Werder Bremen
1990	1. FC Kaiserslautern
1989	Borussia Dortmund
1988	Eintracht Frankfurt
1987	Hamburger SV
1986	FC Bayern München
1985	KFC Uerdingen 05
1984	FC Bayern München
1983	1. FC Köln
1982	FC Bayern München
1981	Eintracht Frankfurt
1980	Fortuna Düsseldorf
1979	Fortuna Düsseldorf
1978	1. FC Köln

UEFA-Europa League (bis 2009 UEFA-Pokal/bis 1971 Pokal der Messestädte)

Jahr	*Titelgewinner*
2011	FC Porto (POR)
2010	Atlético Madrid (ESP)
2009	Schachtar Donezk (UA)
2008	Zenit Sankt Petersburg
2007	FC Sevilla (ESP)
2006	FC Sevilla (ESP)
2005	CSKA Moskau (RUS)
2004	FC Valencia (ESP)
2003	FC Porto (POR)
2002	Feyenoord Rotterdam (NED)
2001	FC Liverpool (ENG)
2000	Galatasaray Istanbul (TUR)
1999	AC Parma (ITA)
1998	Inter Mailand (ITA)

1977	1. FC Köln
1976	Hamburger SV
1975	Eintracht Frankfurt
1974	Eintracht Frankfurt
1973	Borussia Mönchengladbach
1972	FC Schalke 04
1971	FC Bayern München
1970	Kickers Offenbach
1969	FC Bayern München
1968	1. FC Köln
1967	FC Bayern München
1966	FC Bayern München
1965	Borussia Dortmund
1964	TSV 1860 München
1963	Hamburger SV
1962	1. FC Nürnberg
1961	Werder Bremen
1960	Borussia Mönchengladbach
1959	Schwarz-Weiß Essen
1958	VfB Stuttgart
1957	FC Bayern München
1956	Karlsruher SC
1955	Karlsruher SC
1954	VfB Stuttgart
1953	Rot-Weiss Essen
1943	First Vienna FC
1942	TSV 1860 München
1941	Dresdner SC
1940	Dresdner SC
1939	1. FC Nürnberg
1938	SK Rapid Wien
1937	FC Schalke 04
1936	VfB Leipzig
1935	1. FC Nürnberg

Champions League
(vor 1993 Europapokal der Landesmeister)

Jahr	*Titelgewinner*		
2011	FC Barcelona (ESP)	1983	Hamburger SV (GER)
2010	Inter Mailand (ITA)	1982	Aston Villa (ENG)
2009	FC Barcelona (ESP)	1981	FC Liverpool (ENG)
2008	Manchester United (ENG)	1980	Nottingham Forest (ENG)
2007	AC Mailand (ITA)	1979	Nottingham Forest (ENG)
2006	FC Barcelona (ESP)	1978	FC Liverpool (ENG)
2005	FC Liverpool (ENG)	1977	FC Liverpool (ENG)
2004	FC Porto (POR)	1976	Bayern München (GER)
2003	AC Mailand (ITA)	1975	Bayern München (GER)
2002	Real Madrid (ESP)	1974	Bayern München (GER)
2001	Bayern München (GER)	1973	Ajax Amsterdam (NED)
2000	Real Madrid (ESP)	1972	Ajax Amsterdam (NED)
1999	Manchester United (ENG)	1971	Ajax Amsterdam (NED)
1998	Real Madrid (ESP)	1970	Feyenoord Rotterdam (NED)
1997	Borussia Dortmund (GER)	1969	AC Mailand (ITA)
1996	Juventus Turin (ITA)	1968	Manchester United (ENG)
1995	Ajax Amsterdam (NED)	1967	Celtic Glasgow (SCO)
1994	AC Mailand (ITA)	1966	Real Madrid (ESP)
1993	Olympique Marseille (FRA)	1965	Inter Mailand (ITA)
1992	FC Barcelona (ESP)	1964	Inter Mailand (ITA)
1991	Roter Stern Belgrad (YUG)	1963	AC Mailand (ITA)
1990	AC Mailand (ITA)	1962	Benfica Lissabon (POR)
1989	AC Mailand (ITA)	1961	Benfica Lissabon (POR)
1988	PSV Eindhoven (NED)	1960	Real Madrid (ESP)
1987	FC Porto (POR)	1959	Real Madrid (ESP)
1986	Steaua Bukarest (ROM)	1958	Real Madrid (ESP)
1985	Juventus Turin (ITA)	1957	Real Madrid (ESP)
1984	FC Liverpool (ENG)	1956	Real Madrid (ESP)

1997	FC Schalke 04 (GER)	1983	RSC Anderlecht (BEL)	1970	Arsenal London (ENG)
1996	Bayern München (GER)	1982	IFK Göteborg (SWE)	1969	Newcastle United (ENG)
1995	AC Parma (ITA)	1981	Ipswich Town (ENG)	1968	Leeds United (ENG)
1994	Inter Mailand (ITA)	1980	Eintracht Frankfurt (GER)	1967	Dinamo Zagreb (CRO)
1993	Juventus Turin (ITA)	1979	Borussia Mönchengladbach (GER)	1966	FC Barcelona (ESP)
1992	Ajax Amsterdam (NED)	1978	PSV Eindhoven (NED)	1965	Ferencvaros Budapest (HUN)
1991	Inter Mailand (ITA)	1977	Juventus Turin (ITA)	1964	Real Saragossa (ESP)
1990	Juventus Turin (ITA)	1976	FC Liverpool (ENG)	1963	FC Valencia (ESP)
1989	SSC Neapel (ITA)	1975	Borussia Mönchengladbach (GER)	1962	FC Valencia (ESP)
1988	Bayer Leverkusen (GER)	1974	Feyenoord Rotterdam (NED)	1961	AS Rom (ITA)
1987	IFK Göteborg (SWE)	1973	FC Liverpool (ENG)	1960	FC Barcelona (ESP)
1986	Real Madrid (ESP)	1972	Tottenham Hotspurs (ENG)	1958	FC Barcelona (ESP)
1985	Real Madrid (ESP)	1971	Leeds United (ENG)		
1984	Tottenham Hotspurs (ENG)				

Rekorde

Weltmeisterschaften

Die meisten WM-Teilnahmen:
Brasilien (18)

Die meisten WM-Titel:
Brasilien (5)

Die meisten WM-Finalteilnahmen:
Deutschland und Brasilien (je 7-mal)

Spieler mit den meisten WM-Spielen:
Lothar Matthäus (Deutschland): 25 Spiele bei 5 WM-Turnieren (1982 bis 1998)

WM-Spiel mit den meisten Zuschauern:
Uruguay – Brasilien: 174 000 Zuschauer (FIFA-Angabe) (WM 1950)

WM-Spiel mit den wenigsten Zuschauern:
Rumänien – Peru: 300 Zuschauer (FIFA-Angabe) (WM 1930)

Erfolgreichste WM-Torschützen:
1. Ronaldo (Brasilien):
15 Tore (1998: 4, 2002: 8, 2006: 3)
2. Miroslav Klose (Deutschland):
14 Tore (2002: 5, 2006: 5, 2010: 4)
3. Gerd Müller (Deutschland):
14 Tore (1970: 10, 1974: 4)
4. Just Fontaine (Frankreich):
13 Tore (1958: 13)
5. Pelé (Brasilien):
12 Tore (1958: 6, 1962: 1, 1966: 1, 1970: 4)

Die meisten Tore bei Weltmeisterschaften:
Brasilien (210 Tore)

Die meisten Gegentore bei Weltmeisterschaften:
Deutschland (117 Tore)

Die meisten Gelben Karten in einem WM-Spiel:
Portugal – Niederlande:
16 Gelbe Karten (WM 2006)

Die meisten Platzverweise in einem WM-Spiel:
Portugal – Niederlande:
4 Platzverweise (Gelb-Rot) (WM 2006)

Bundesliga

Bundesliga-Torschützenkönige seit 1995

2011	Mario Gomez	FC Bayern München	28
2010	Edin Dzeko	Vfl Wolfsburg	22
2009	Grafite	Vfl Wolfsburg	28
2008	Luca Toni	FC Bayern München	24
2007	Theofanis Gekas	VfL Bochum	20
2006	Miroslav Klose	SV Werder Bremen	25
2005	Marek Mintal	1. FC Nürnberg	24
2004	Ailton	Werder Bremen	28
2003	Giovanne Elber	FC Bayern München	21
	Thomas Christiansen	VfL Bochum	21
2002	Martin Max	TSV 1860 München	18
	Marcio Amoroso	Borussia Dortmund	18
2001	Ebbe Sand	Schalke 04	22
	Sergej Barbarez	Hamburger SV	22
2000	Martin Max	TSV 1860 München	19
1999	Michael Preetz	Hertha BSC Berlin	23
1998	Ulf Kirsten	Bayer Leverkusen	22
1997	Ulf Kirsten	Bayer Leverkusen	22
1996	Fredi Bobic	VfB Stuttgart	17
1995	Mario Basler	Werder Bremen	20
	Heiko Herrlich	Borussia Mönchengladbach	20

Verein mit den meisten Meistertiteln:
FC Bayern München (22)

Spieler mit den meisten Toren in einer Saison:
Gerd Müller (FC Bayern München): 40 Tore in der Saison 1971/72

Spieler mit den meisten Bundesliga-Spielen:
Karl-Heinz Körbel: 602 Spiele
(14. Oktober 1972 bis 8. Juni 1991)

Teuerster Spieler-Transfer der Bundesliga:
Mario Gomez wechselte 2009 für 30 Millionen Euro vom VfB Stuttgart zu FC Bayern München.

Der Verein, der am längsten in der Bundesliga ist:
Hamburger SV (seit der Gründung der Bundesliga 1963)

Die torreichsten Begegnungen:

9:3	Borussia Dortmund – 1. FC Kaiserlautern, 1963/64
11:1	FC Bayern München – Borussia Dortmund, 1971/72 und Borussia Dortmund – Arminia Bielefeld, 1982/83
8:4	1. FC Köln – Tennis Borussia Berlin, 1976/77
12:0	Borussia Mönchengladbach – Borussia Dortmund, 1977/78

Internetadressen

Suchmaschinen
http://www.milkmoon.de/
http://www.blinde-kuh.de/
http://www.trampeltier.de/
http://www.helles-koepfchen.de/
http://www.kindercampus.de/clikks/

Fußball online
Homepage des Weltfußballverbandes
Hier finden sich zum Beispiel alle Fußballregeln, Informationen zu aktuellen Spielergebnissen von internationalen Länderturnieren und den Nationalmannschaften.
http://www.fifa.com

Internetauftritt der UEFA
(Englisch: Union of European Football Associations).
Die UEFA ist der europäische Fußballverband. Hier finden sich Informationen zu den verschiedenen Wettbewerben, aktuelle Spielergebnisse und Statistiken.
http://de.uefa.com/index.html

Offizielle Seite des Deutschen Fußball-Bundes
Hier gibt es Informationen von der Bundesliga bis zum Amateurfußball.
http://www.dfb.de

Offizielle Seite der Bundesliga
Auf dieser Homepage kann man Informationen zu Terminen, Pokalen und Spielplänen der 1. und 2. Bundesliga abrufen und verschiedene Statistiken einsehen.
Hier werden auch in einem offiziellen Shop Tickets der einzelnen Klubs angeboten.
http://www.bundesliga.de/

Auf dieser Seite kann man alle aktuellen Fußballergebnisse abrufen
Jeder Verein bis zur untersten Spielklasse trägt hier seine Spielergebnisse ein.
http://www.fussball.de

Online-Zeitung des Fußballmagazins „Kicker"
Hier finden sich zum Beispiel Informationen über Vereine, aktuelle Nachrichten, Ergebnisse und Spielertransfers.
www.kicker.de

Online-Zeitung des Magazins für Mädchen- und Frauenfußball „FF"
Hier finden sich Informationen rund um den Mädchen- und Frauenfußball: Bundesliga, Nationalmannschaft, Wettbewerbe, Interviews, Portraits und vieles mehr.
http://www.ff-magazin.com

Portal für den Jugendfußball
Auf dieser Seite zeigen Fußballstars ihre Tricks, außerdem finden sich viele weitere Trainingstipps, eine Ballschule, ein Fußball-ABC und Spiele rund um den Fußball.
www.fussballD21.de

Mädchen-Fußball-Portal des DFB
Hier werden zum Beispiel Fußballregeln erklärt, Technik- und Ernährungstipps gegeben, Spielerinnen vorgestellt und Nachrichten aus der 1. und 2. Bundesliga veröffentlicht.
http://www.ich-spiele-fussball.dfb.de/

Offizielle Seite des Österreichischen Fußball-Bundes und der Nationalmannschaft von Österreich
Hier erhält man aktuelle Informationen, Meldungen vom Team und kann Tickets erwerben.
www.oefb.at

Homepage des Schweizerischen Fußballverbands
Hier finden sich Informationen zur Nationalmannschaft, der Swiss Football League, der 1. Liga und der Amateur-Liga.
www.football.ch

Die Inhalte aller Internetadressen in diesem Buch wurden mit größtmöglicher Sorgfalt ausgesucht. Die Inhalte der Seiten können aber jederzeit von den Anbietern geändert werden. Daher übernehmen wir trotz sorgfältiger Prüfung keine Haftung für die Richtigkeit, Vollständigkeit und Aktualität dieser Webseiten.

Worterklärungen

Abseits Ein Spieler steht im Abseits, wenn er sich im Moment der Ballabgabe näher an der gegnerischen Torlinie befindet als der Ball und zwischen ihm und der Torlinie nur ein Spieler der verteidigenden Mannschaft steht (Grundregel ohne Ausnahme).

Abseitsfalle Taktisches Mittel der verteidigenden Mannschaft. Im Moment der Ballannahme des Gegners laufen die Verteidiger nach vorn und führen so absichtlich ein Abseits herbei.

Abstoß Wenn die angreifende Mannschaft den Ball über die Torauslinie geschossen hat, wird das Spiel mit einem Abstoß fortgesetzt. Dabei schießt der Torwart oder ein anderer Spieler den Ball aus dem Torraum ins Spielfeld.

Anstoß Damit beginnt das Spiel. Der Ball, der in der Mitte des Spielfelds liegt, wird von einem Spieler der Mannschaft, die den Anstoß ausführt, einem Mitspieler zugespielt. Zu diesem Zeitpunkt müssen die Gegner außerhalb des Mittelkreises stehen. Auch nach der Halbzeitpause und nach jedem Torerfolg wird das Spiel mit einem Anstoß fortgesetzt.

Champions League Nachfolge-Wettbewerb des Europapokals der Landesmeister. Der Sieger wird in Gruppenspielen und anschließend im Achtelfinale, Viertelfinale, Halbfinale und im Finale ermittelt. Neben den Meistern der europäischen Ligen nehmen auch einige schlechter platzierte Mannschaften dieser Ligen teil.

Deutscher Fußballbund (DFB)
Dieser organisiert den Vereinsfußball in Deutschland, außer 1. und 2. Bundesliga.

DFB-Pokal Bei diesem Wettbewerb nehmen Profi- und Amateurmannschaften teil. Er wird vom Deutschen Fußballbund ausgerichtet. Vor Beginn werden die Spielpaarungen ausgelost. Der Verlierer scheidet aus, alle Sieger treten wieder gegeneinander an, bis die beiden letzten Mannschaften im Endspiel aufeinandertreffen.

Direkter Freistoß Freistoß, der direkt ins Tor geschossen werden darf (siehe auch indirekter Freistoß).

Doppelpass Darunter versteht man einen Pass zu einem Mitspieler, der dann den Ball direkt wieder zurückspielt, wenn man am Verteidiger vorbeigelaufen ist.

Drei-Punkte-Regel Regelung zur Vergabe der Punkte in Bundesligaspielen und anderen Begegnungen im Fußball. Gilt seit der Saison 1995/1996. Der Sieger einer Partie bekommt drei Punkte, der Verlierer erhält keinen Punkt. Bei Unentschieden bekommen beide Mannschaften einen Punkt.

Dribbling Das ist die Kunst, während des Laufens den Ball eng am Fuß zu führen und ihn mit kurzen Stößen voranzutreiben.

Eckball Von der Eckfahne aus tritt ein Spieler der angreifenden Mannschaft einen Eckball, nachdem der Gegner den Ball über die eigene Torauslinie geschossen hat.

Einwurf Wenn der Ball die Seitenlinie überquert hat, wird das Spiel durch einen Einwurf fortgesetzt.
Die Mannschaft, die den Ball nicht zuletzt berührt hat, darf den Einwurf ausführen.

Elfmeter Häufige Bezeichnung für den Strafstoß.

Fallrückzieher Ein Schuss, bei dem der Spieler fast einen Salto rückwärts macht. Er trifft den Ball in der Luft und schießt ihn dann rückwärts über seinen Kopf hinweg.

Flanke Darunter versteht man einen Schuss, bei dem der Ball vom Rand des Spielfelds hoch vor das Tor geschossen wird. Dadurch erhalten Mitspieler oft die Möglichkeit, ein Tor durch Kopfball oder Volleyschuss zu erzielen.

Foul Verstoß gegen die Fußballregeln. Ein Spieler tritt, stößt oder bringt seinen Gegner dabei zu Fall. Grobe Fouls, bei denen ein Spieler ernsthaft verletzt wird oder bei denen die Verletzungsabsicht erkennbar ist, werden durch den Schiedsrichter mit der Roten Karte bestraft. Der Spieler wird sofort vom Spiel ausgeschlossen und ist für die folgenden Spiele gesperrt. Bei geringfügigen Fouls wird der Spieler mit der Gelben Karte verwarnt – als erste Ermahnung. Wenn ein bereits mit der Gelben Karte verwarnter Spieler ein weiteres Foul begeht, dann kann der Schiedsrichter die Gelb-Rote Karte zeigen. Wie bei der Roten Karte bedeutet es hier auch den sofortigen Spielausschluss, aber keine längere Sperre.

Freistoß Das ist die Strafe für einen Regelverstoß. Er wird der Mannschaft zugesprochen, gegen die der Verstoß begangen wurde.

Gelbe Karte siehe Foul

Gelb-Rote Karte siehe Foul

Hackentrick Pass, der mit der Rückseite der Ferse gespielt wird. Hierbei wird der Gegner überrascht. Manchmal kann mit einem Hackentrick ein Zweikampf umgangen werden.

Handspiel Regelverstoß. Ein Spieler hat den Ball absichtlich mit der Hand oder dem Arm berührt. Wenn sich der Torwart außerhalb des Strafraums befindet, darf auch er den Ball nicht in die Hand nehmen.

Indirekter Freistoß Ein Freistoß, bei dem ein Tor nicht durch einen direkten Schuss erzielt werden kann. Hier muss ein zweiter Spieler den Ball immer erst berührt haben, bevor der Ball die Torlinie überquert. Der indirekte Freistoß ist eine Strafe für einen leichteren Regelverstoß (siehe auch direkter Freistoß).

Kapitän Der Mannschaftsführer. Er trägt im Spiel die Kapitänsbinde und ist der Ansprechpartner des Schiedsrichters.

Manndeckung Ein Abwehrsystem. Hier ist jeder Verteidiger für einen Angreifer verantwortlich und muss ihn hautnah bewachen (siehe auch Raumdeckung).

Mauer Bei einem Freistoß in der Nähe des Tors stellen sich Abwehrspieler eng nebeneinander und bilden damit eine Mauer. So soll ein direkter Schuss aufs Tor vermieden werden. Die Spieler, die die Mauer bilden, müssen mindestens 9,15 Meter vom Ball entfernt sein.

Mittelfeldspieler Sie stellen das Bindeglied zwischen der Abwehr und dem Angriff dar. Mittelfeldspieler müssen viel laufen, helfen in der Abwehr und leiten Angriffe durch Pässe und Flanken ein. Defensive Mittelfeldspieler konzentrieren sich fast nur auf Abwehraufgaben, offensive verstärken den Angriff.

Pass siehe Zuspiel

Querpass Zwei Spieler, die sich auf gleicher Spielfeldhöhe befinden, spielen sich den Ball zu. Ein Querpass dient oft zur Verzögerung des Spiels oder dazu, den Spielfluss der gegnerischen Mannschaft zu unterbrechen.

Raumdeckung Ein Abwehrsystem. Jeder Abwehrspieler ist für einen bestimmten Bereich des Spielfelds verantwortlich. Diesen verteidigt er gegen Angriffe (siehe auch Manndeckung).

Rote Karte siehe Foul

Schiedsrichter Auch „Unparteiischer" genannt. Er leitet das Spiel und ist für die Einhaltung der Regeln verantwortlich.

Schiedsrichter-Assistenten Die beiden Assistenten des Schiedsrichters, die ihm helfen, das Spiel zu leiten, früher Linienrichter genannt.

Steilpass Ein Pass, der weit nach vorne in Richtung des gegnerischen Tors gespielt wird. Er bringt einen Stürmer oft in eine günstige Schussposition.

Strafstoß Ist ein Foul an einem angreifenden Spieler oder ein Handspiel innerhalb des eigenen Strafraums erfolgt, dann gibt es einen Strafstoß. Dieser wird vom Elfmeterpunkt geschossen.

Stürmer Spieler mit der Hauptaufgabe, Tore zu erzielen. Sie müssen aber auch immer wieder Verteidigungsaufgaben übernehmen.

Tackling Ein Angriff auf den Gegner, um ihm den Ball abzunehmen.

Team Englisches Wort für „Mannschaft".

Torauslinie Linie, die das Feld an der Querseite, zwischen Eckfahnen und Torpfosten, begrenzt.

Torraum Der kleine, rechteckige Bereich direkt vor dem Tor, der mit einer Linie gekennzeichnet ist.

Torwart Bewacht das Tor und darf als Einziger während des Spiels den Ball im Strafraum mit der Hand berühren. Um den Ball abzuwehren, kann er ihn fangen, fausten oder über das Tor lenken. Ein Torwart unterscheidet sich in der Kleidung deutlich von den Feldspielern.

Trainer Ein Trainer übernimmt die sportliche und psychologische Betreuung der Spieler. Er gibt die Taktik vor, legt die Aufstellung der Mannschaft fest und leitet das Training. Zusammen mit dem Manager und dem Präsidium entscheidet ein Trainer über den Einkauf und Verkauf von Spielern.

UEFA-Pokal Ein Wettbewerb, der von der Union Europäischer Fußballverbände ausgerichtet wird. Dabei treffen die in ihren nationalen Meisterschaften hinter den Meistern platzierten Teams, die Gewinner der nationalen Pokalwettbewerbe und einige Verlierer der Champions League aufeinander.

Verteidiger Ein Abwehrspieler einer Mannschaft. Er hat neben dem Torwart die Aufgabe, Tore der gegnerischen Mannschaft zu verhindern. Außerdem muss er angreifende Spieler behindern, die Tore erzielen möchten.

Volleyschuss Schuss, bei dem der Ball direkt aus der Luft geschlagen wird.

Zuspiel Auch Pass genannt. Wichtig für ein gutes Spiel ist das genaue Zuspiel innerhalb eines Teams. Der Ball wird dem Mitspieler mit dem Fuß oder Kopf über kurze oder längere Entfernungen zugespielt.

Register

Bildnachweis

CORBIS: Umschlagfotos: © iStockphoto.com/Nikada, Seite 8/9, 10, 44, 46/47, 48 u. l. und r., 49 o., 51
dpa Picture-Allicance GmbH: Seite 11, 12, 13 (beide), 15, 16/17, 18 (beide), 20, 21 (beide), 22 (beide), 23, 24, 25 (beide), 26, 27, 28/29, 30, 31 (beide), 33, 34 (beide), 35 (alle 3), 36 (beide), 37, 38 o., 39, 40, 41 (beide), 42/43 u., 43 o., 48 o., 49 u., 50, 57, 58 (beide), 60, 61 (alle 3), 62 u., 64, 65, 66, 67
digitalstock/W. Luger: Seite 54/55
gettyimages: 38 u., 43 u. r., 63 u.
Imagesource-Pink/F1 ONLINE: Seite 52 o.
mauritius images: Seite 52 u.
stock.xchng: Seite 19 o.

Bibliografische Information der Nationalbibliothek

Die Deutsche Nationalbibliothek verzeichnet diese Publikation in der Deutschen Nationalbibliografie; detaillierte bibliografische Angaben sind im Internet über **http://dnb.d-nb.de** abrufbar.

4 3 2 1   15 14 13 12

Text: Martina Gorgas
Illustrationen: Joachim Krause, Dietmar Lautenbach (Seite 14, 26, 33, 40, 44, 45)
Umschlagdesign: dieBeamten.de/Anja Langenbacher und Reinhard Raich
ISBN: 978-3-473-55288-7

www.ravensburger.de

1 England: G
2 Großfeld: D
3 Hurst: S
4 Mauer: E
5 Unparteiischer: I
6 Offensive: N
7 Abseitsregel: A
8 Liga: L
9 UdSSR: U
10 Borussia Dortmund: B

Lösungswort: Bundesliga